## सदाबहार कहानियाँ

# जयशंकर प्रसाद

## सदाबहार कहानियाँ

# जयशंकर प्रसाद

Yuvaan
books

# सदाबहार कहानियाँः जयशंकर प्रसाद

**ISBN :** 9789392088469
प्रथम संस्करणः जनवरी, 2023
द्वितीय संस्करणः अप्रैल, 2023



**प्रकाशक : अनबाउंड स्क्रिप्ट**
बी-10, सेवेन वंडर्स बिजनेस सेंटर,
प्लॉट नं जी-20 बेसमेंट, प्रीत विहार,
नई दिल्ली-110092

**वेबसाइट :** www.unboundscript.com
**ई-मेल :** books@unboundscript.com

**मूल्य :** 125/

# अनुक्रम

# गुंडा

वह पचास वर्ष से ऊपर था। तब भी युवकों से अधिक बलिष्ठ और दृढ़ था। चमड़े पर झुर्रियां नहीं पड़ी थीं। वर्षा की झड़ी में, पूस की रातों की छाया में, कड़कती हुई जेठ की धूप में, नंगे शरीर घूमने में वह सुख मानता था। उसकी चढ़ी मूंछें बिच्छू के डंक की तरह, देखनेवालों की आंखों में चुभती थीं। उसका सांवला रंग, सांप की तरह चिकना और चमकीला था। उसकी नागपुरी धोती का लाल रेशमी किनारा दूर से ही ध्यान आकर्षित करता। कमर में बनारसी सेल्हे का फेंटा, जिसमें सीप की मूठ का बिछुआ खुंसा रहता था। उसके घुंघराले बालों पर सुनहले पल्ले के साफे का छोर उसकी चौड़ी पीठ पर फैला रहता। ऊंचे कन्धे पर टिका हुआ चौड़ी धार का गंड़ासा, यह भी उसकी धज! पंजों के बल जब वह चलता, तो उसकी नसें चटाचट बोलती थीं। वह गुंडा था।

ईसा की अठारहवीं शताब्दी के अन्तिम भाग में वही काशी नहीं रह गई थी, जिसमें उपनिषद् के अजातशत्रु की परिषद् में ब्रह्मविद्या सीखने के लिए विद्वान ब्रह्मचारी आते थे। गौतम बुद्ध और शंकराचार्य के धर्म–दर्शन के वाद–विवाद, कई शताब्दियों से लगातार मंदिरों और मठों के ध्वंस

और तपस्वियों के वध के कारण, प्रायः बन्द–से हो गए थे। यहां तक कि पवित्रता और छुआछूत में कट्टर वैष्णव–धर्म भी उस विशृंखलता में, नवागन्तुक धर्मोन्माद में अपनी असफलता देखकर काशी में अघोर रूप धारण कर रहा था। उसी समय समस्त न्याय और बुद्धिवाद को शस्त्र –बल के सामने झुकते देखकर, काशी के विच्छिन्न और निराश नागरिक जीवन ने, एक नवीन सम्प्रदाय की सृष्टि की। वीरता जिसका धर्म था। अपनी बात पर मिटना, सिंह–वृत्ति से जीविका ग्रहण करना, प्राण–भिक्षा मांगनेवाले कायरों तथा चोट खाकर गिरे हुए प्रतिद्वन्द्वी पर शस्त्र न उठाना, सताए निर्बलों को सहायता देना और प्रत्येक क्षण प्राणों को हथेली पर लिए घूमना, उसका बाना था। उन्हें लोग काशी में गुंडा कहते थे। जीवन की किसी अलभ्य अभिलाषा से वंचित होकर जैसे प्रायः लोग विरक्त हो जाते हैं, ठीक उसी तरह किसी मानसिक चोट से घायल होकर, एक प्रतिष्ठित जमींदार का पुत्र होने पर भी, नन्हकूसिंह गुंडा हो गया था। दोनों हाथों से उसने अपनी सम्पत्ति लुटाई। नन्हकूसिंह ने बहुत–सा रुपया खर्च करके जैसा स्वांग खेला था, उसे काशी वाले बहुत दिनों तक नहीं भूल सके वसन्त ऋतु में यह प्रहसनपूर्ण अभिनय खेलने के लिए उन दिनों प्रचुर धन, बल, निर्भीकता और उच्छृंखलता की आवश्यकता होती थी। एक बार नन्हकूसिंह ने भी एक पैर में नूपुर, एक हाथ में तोड़ा, एक आंख में काजल, एक कान में हजारों के मोती तथा दूसरे कान में फटे हुए जूते का तल्ला लटकाकर, एक जड़ाऊ मूठ की तलवार, दूसरा हाथ आभूषणों से लदी हुई अभिनय करनेवाली प्रेमिका के कन्धे पर रखकर गाया था–

'कहीं बैगनवाली मिले तो बुला देना।'

प्रायः बनारस के बाहर की हरियालियों में, अच्छे पानीवाले कुओं पर, गंगा की धारा में मचलती हुई डोंगी पर वह दिखलाई पड़ता था। कभी–कभी जूआखाने से निकलकर जब वह चौक में आ जाता, तो काशी की रंगीली वेश्याएं मुस्कराकर उसका स्वागत करतीं और उसके दृढ़ शरीर को सस्पृह देखतीं। वह तमोली की ही दूकान पर बैठकर उनके गीत सुनता, ऊपर कभी नहीं जाता था। जूए की जीत का रुपया मुठ्ठियों में भर–भरकर, उनकी खिड़की में वह इस तरह उछालता कि कभी–कभी समाजी लोग अपना सिर सहलाने लगते, तब वह ठठाकर हँस देता। जब कभी लोग कोठे के ऊपर चलने के लिए कहते, तो वह उदासी की सांस खींचकर चुप हो जाता।

वह अभी वंशी के जूआखाने से निकला था। आज उसकी कौड़ी ने साथ न दिया। सोलह परियों के नृत्य में उसका मन न लगा। मन्नू तमोली की दूकान पर बैठते हुए उसने कहा, 'आज सायत अच्छी नहीं रही, मन्नू!'

'क्यों मालिक! चिन्ता किस बात की है। हम लोग किस दिन के लिए हैं। सब आप ही का तो है।'

'अरे, बुद्धू ही रहे तुम! नन्हकूसिंह जिस दिन किसी से लेकर जूआ खेलने लगे उसी दिन समझना वह मर गए। तुम जानते नहीं कि मैं जूआ खेलने कब जाता हूं। जब मेरे पास एक पैसा नहीं रहता उसी दिन नाल पर पहुंचते ही जिधर बड़ी ढेरी रहती है, उसी को बदता हूं और फिर वही दांव आता भी है। बाबा कीनाराम का यह बरदान है!'

'तब आज क्यों, मालिक?'

'पहला दांव तो आया ही, फिर दो–चार हाथ बदने पर सब निकल गया। तब भी लो, यह पांच रुपए बचे हैं। एक रुपया तो पान के लिए

रख लो और चार दे दो मलूकी कथक को, कह दो कि दुलारी से गाने के लिए कह दे। हां, वही एक गीत–'विलमि विदेश रहे।'

नन्हकूसिंह की बात सुनते ही मलूकी, जो अभी गांजे की चिलम पर रखने के लिए अंगारा चूर कर रहा था, घबराकर उठ खड़ा हुआ। वह सीढ़ियों पर दौड़ता हुआ चढ़ गया। चिलम को देखता ही ऊपर चढ़ा, इसलिए उसे चोट भी लगी पर नन्हकूसिंह की भृकुटी देखने की शक्ति उसमें कहां। उसे नन्हकूसिंह की वह मूर्ति न भूली थी, जब इसी पान की दूकान पर जूएखाने से जीता हुआ, रुपए से भरा तोड़ा लिए वह बैठा था। दूर से बोधीसिंह की बारात का बाजा बजता हुआ आ रहा था। नन्हकू ने पूछा–'यह किसकी बारात है?'

'ठाकुर बोधीसिंह के लड़के की'–मन्नू के इतना कहते ही नन्हकू के ओठ फड़कने लगे। उसने कहा–'मन्नू! यह नहीं हो सकता। आज इधर से बारात न जाएगी बोधीसिंह हमसे निपटकर तब बारात इधर से ले जा सकेंगे।'

मन्नू ने कहा–'तब मालिक, मैं क्या करूं?'

नन्हकू गंड़ासा कन्धे पर से और ऊंचा करके मलूकी से बोला, 'मलुकिया देखता है, अभी जा ठाकुर से कह दे, कि बाबू नन्हकूसिंह आज यहीं लगाने के लिए खड़े हैं। समझकर आवें, लड़के की बारात है।' मलुकिया कांपता हुआ ठाकुर बोधीसिंह के पास गया। बोधीसिंह और नन्हकू से पांच वर्ष से सामना नहीं हुआ है। किसी दिन नाल पर कुछ बातों में ही कहा–सुनी होकर, बीच–बचाव हो गया था। फिर सामना नहीं हो सका। आज नन्हकू जान पर खेलकर अकेला खड़ा है बोधीसिंह भी उस आन को समझते थे। उन्होंने मलूकी से कहा, 'जा बे, कह दे कि

हमको क्या मालूम कि बाबू साहब वहां खड़े हैं। जब वह हैं ही, तो दो समधी जाने का क्या काम है।' बोधीसिंह लौट गए और मलूकी के कन्धे पर तोड़ा लादकर बाजे के आगे नन्हकूसिंह बारात लेकर गए। ब्याह में जो कुछ लगा, खर्च किया। ब्याह कराकर तब, दूसरे दिन इसी दूकान तक आकर रुक गए। लड़के को और उसकी बारात को उसके घर भेज दिया।

मलूकी को भी दस रुपया मिला था उस दिन। फिर नन्हकूसिंह की बात सुनकर बैठे रहना और यम को न्योता देना एक ही बात थी। उसने जाकर दुलारी से कहा, 'हम ठेका लगा रहे हैं, तुम गाओ, तब तक बल्लू सारंगीवाला पानी पीकर आता है।'

'बाप रे, कोई आफत आई है क्या बाबू साहब? सलाम!'– कहकर दुलारी ने खिड़की से मुस्कराकर झांका था कि नन्हकूसिंह उसके सलाम का जवाब देकर, दूसरे एक आनेवाले को देखने लगे।

हाथ में हरौती की पतली–सी छड़ी, आंखों में सुरमा, मुंह में पान, मेंहदी लगी हुई लाल दाढ़ी, जिसकी सफेद जड़ दिखलाई पड़ रही थी कुव्वेदार टोपी छकलिया अंगरखा और साथ में लैसदार परतवाले दो सिपाही! कोई मौलवी साहब हैं। नन्हकू हँस पड़ा। नन्हकू की ओर बिना देखे ही मौलवी ने एक सिपाही से कहा, 'जाओ, दुलारी से कह दो कि आज रेजिडेण्ट साहब की कोठी पर मुजरा करना होगा, अभी चले, देखो तब तक हम जानअली से कुछ इत्र ले रहे हैं।' सिपाही ऊपर चढ़ रहा था और मौलवी दूसरी ओर चले थे कि नन्हकू ने ललकारकर कहा' दुलारी! हम कब तक यहां बैठे रहें! क्या अभी सरंगिया नहीं आया?'

दुलारी ने कहा, 'वाह बाबू साहब! आपही के लिए तो मैं यहां आ बैठी

हूं, सुनिए न! आप तो कभी ऊपर' मौलवी जल उठा। उसने कड़ककर कहा, 'चोबदार! अभी वह सुअर की बच्ची उतरी नहीं जाओ, कोतवाल के पास मेरा नाम लेकर कहो कि मौलवी अलाउद्दीन कुबरा ने बुलाया है। आकर उसकी मरम्मत करें। देखता हूं तो जब से नवाबी गई, इन काफिरों की मस्ती बढ़ गई है।'

कुबरा मौलवी! बाप रे—तमोली अपनी दूकान सम्हालने लगा। पास ही एक दूकान पर बैठकर ऊंघता हुआ बजाज चौंककर सिर में चोट खा गया! इसी मौलवी ने तो महाराज चेतसिंह से साढ़े तीन सेर चींटी के सिर का तेल मांगा था मौलवी अलाउद्दीन कुबरा! बाजार में हलचल मच गई नन्हकूसिंह ने मन्नू से कहा, 'क्यों, चुपचाप बैठोगे नहीं!' दुलारी से कहा, 'वहीं से बाईजी! इधर—उधर हिलने का काम नहीं। तुम गाओ। हमने ऐसे घसियारे बहुत—से देखे हैं अभी कल रमल के पासे फेंककर अधेला—अधेला मांगता था, आज चला है रोब गांठने।'

अब कुबरा ने घूमकर उसकी ओर देखकर कहा, 'कौन है यह पाजी!'

'तुम्हारे चाचा बाबू नन्हकूसिंह!' के साथ ही पूरा बनारसी झापड़ पड़ा। कुबरा का सिर घूम गया। लैस के परतले वाले सिपाही दूसरी ओर भाग चले और मौलवी साहब चौंधिया कर जानअली की दूकान पर लड़खड़ाते, गिरते—पड़ते किसी तरह पहुंच गए।

जानअली ने मौलवी से कहा, 'मौलवी साहब! भला आप भी उस गुण्डे के मुंह लगने गए। यह तो कहिए कि उसने गंड़ासा नहीं तौल दिया।' कुबरा के मुंह से बोली नहीं निकल रही थी। उधर दुलारी गा रही थी,' विलमि विदेस रहे।' गाना पूरा हुआ, कोई आया—गया नहीं। तब नन्हकूसिंह धीरे—धीरे टहलता हुआ, दूसरी ओर चला गया थोड़ी देर

में एक डोली रेशमी परदे से ढंकी हुई आई साथ में एक चोबदार था। उसने दुलारी को राजमाता पन्ना की आज्ञा सुनाई।

दुलारी चुपचाप डोली पर जा बैठी। डोली धूल और सन्ध्याकाल के धुएं से भरी हुई बनारस की तंग गलियों से होकर शिवालय घाट की ओर चली।

श्रावण का अन्तिम सोमवार था राजमाता पन्ना शिवालय में बैठकर पूजन कर रही थी। दुलारी बाहर बैठी कुछ अन्य गानेवालियों के साथ भजन गा रही थी। आरती हो जाने पर, फूलों की अञ्जलि बिखेरकर पन्ना ने भक्तिभाव से देवता के चरणों में प्रणाम किया फिर प्रसाद लेकर बाहर आते ही उन्होंने दुलारी को देखा। उसने खड़ी होकर हाथ जोड़ते हुए कहा, 'मैं पहले ही पहुंच जाती क्या करूं, वह कुबरा मौलवी निगोड़ा आकर रेजिडेण्ट की कोठी पर ले जाने लगा। घण्टों इसी झंझट में बीत गया, सरकार!'

'कुबरा मौलवी! जहां सुनती हूं, उसी का नाम सुना है कि उसने यहां भी आकर कुछ'–फिर न जाने क्या सोचकर बात बदलते हुए पन्ना ने कहा, 'हां, तब फिर क्या हुआ? तुम कैसे यहां आ सकीं?'

'बाबू नन्हकूसिंह उधर से आ गए।' मैंने कहा, 'सरकार की पूजा पर मुझे भजन गाने को जाना है। और यह जाने नहीं दे रहा है। उन्होंने मौलवी को ऐसा झापड़ लगाया कि उसकी हेकड़ी भूल गई। और तब जाकर मुझे किसी तरह यहां आने की छुट्टी मिली।'

'कौन बाबू नन्हकूसिंह!'

दुलारी ने सिर नीचा करके कहा, 'अरे, क्या सरकार को नहीं मालूम? बाबू निरंजनसिंह के लड़के! उस दिन, जब मैं बहुत छोटी थी, आपकी

बारी में झूला झूल रही थी, जब नवाब का हाथी बिगड़कर आ गया था, बाबू निरंजनसिंह के कुंवर ने ही तो उस दिन हम लोगों की रक्षा की थी।'

राजमाता का मुख उस प्राचीन घटना को स्मरण करके न जाने क्यों विवर्ण हो गया। फिर अपने को संभालकर उन्होंने पूछा, 'तो बाबू नन्हकूसिंह उधर कैसे आ गए?'

दुलारी ने मुस्कराकर सिर नीचा कर लिया! दुलारी राजमाता पन्ना के पिता की जमींदारी में रहने वाली वेश्या की लड़की थी। उसके साथ ही कितनी बार झूले–हिण्डोले अपने बचपन में पन्ना झूल चुकी थी वह बचपन से ही गाने में सुरीली थी सुन्दरी होने पर चञ्चल भी थी पन्ना जब काशीराज की माता थी, तब दुलारी काशी की प्रसिद्ध गानेवाली थी राजमहल में उसका गाना–बजाना हुआ ही करता महाराज बलवन्तसिंह के समय से ही संगीत पन्ना के जीवन का आवश्यक अंश था हां, अब प्रेम–दुख और दर्द–भरी विरह–कल्पना के गीत की ओर अधिक रुचि न थी अब सात्विक भावपूर्ण भजन होता था राजमाता पन्ना का वैधव्य से दीप्त शान्त मुखमण्डल कुछ मलिन हो गया

बड़ी रानी की सापत्न्य ज्वाला बलवन्तसिंह के मर जाने पर भी नहीं बुझी अन्तःपुर कलह का रंगमंच बना रहता, इसी से प्रायः पन्ना काशी के राजमंदिर में आकर पूजा–पाठ में अपना मन लगाती।

रामनगर में उसको चैन नहीं मिलता नई रानी होने के कारण बलवन्त. सिंह की प्रेयसी होने का गौरव तो उसे था ही, साथ में पुत्र उत्पन्न करने का सौभाग्य भी मिला, फिर भी असवर्णता का सामाजिक दोष उसके हृदय को व्यथित किया करता उसे अपने ब्याह की आरम्भिक

चर्चा का स्मरण हो आया छोटे–से मंच पर बैठी, गंगा की उमड़ती हुई धारा को पन्ना अन्य–मनस्क होकर देखने लगी उस बात को, जो अतीत में एक बार, हाथ से अनजाने में खिसक जानेवाली वस्तु की तरह गुप्त हो गई हो सोचने का कोई कारण नहीं उससे कुछ बनता–बिगड़ता भी नहीं परन्तु मानव–स्वभाव हिसाब रखने की प्रथानुसार कभी–कभी कही बैठता है,'कि यदि वह बात हो गई होती तो?' ठीक उसी तरह पन्ना भी राजा बलवन्तसिंह द्वारा बलपूर्वक रानी बनाई जाने के पहले की एक सम्भावना को सोचने लगी थी सो भी बाबू नन्हकूसिंह का नाम सुन लेने पर गेंदा मुंहलगी दासी थी वह पन्ना के साथ उसी दिन से है, जिस दिन से पन्ना बलवन्तसिंह की प्रेयसी हुई राज्य–भर का अनुसन्धान उसी के द्वारा मिला करता और उसे न जाने कितनी जानकारी भी थी उसने दुलारी का रंग उखा. ड़ने के लिए कुछ कहना आवश्यक समझा 'महारानी! नन्हकूसिंह अपनी सब जमींदारी स्वांग, भैंसों की लड़ाई, घुड़दौड़ और गाने–बजाने में उड़ाकर अब डाकू हो गया है जितने खून होते हैं, सब में उसी का हाथ रहता है जितनी' उसे रोककर दुलारी ने कहा,' यह झूठ है बाबू साहब के ऐसा धर्मात्मा तो कोई है ही नहीं कितनी विधवाएं उनकी दी हुई धोती से अपना तन ढंकती हैं कितनी लड़कियों की ब्याह–शादी होती है कितने सताए हुए लोगों की उनके द्वारा रक्षा होती हैं' रानी पन्ना के हृदय में एक तरलता उद्वेलित हुई उन्होंने हंसकर कहा, 'दुलारी, वे तेरे यहां आते हैं न? इसी से तू उनकी बड़ाई' 'नहीं सरकार! शपथ खाकर कह सकती हूं कि बाबू नन्हकूसिंह ने आज तक कभी मेरे कोठे पर पैर भी नहीं रखा' राजमाता न जाने क्यों इस अद्‌भुत व्यक्ति को समझने के लिए चंचल हो उठी थीं तब भी उन्होंने

दुलारी को आगे कुछ न कहने के लिए तीखी दृष्टि से देखा वह चुप हो गई पहले पहर की शहनाई बजने लगी दुलारी छुट्टी मांगकर डोली पर बैठ गई तब गेंदा ने कहा,'सरकार! आजकल नगर की दशा बड़ी बुरी है दिन दहाड़े लोग लूट लिए जाते हैं सैकड़ों जगह नाला पर जुए में लोग अपना सर्वस्व गंवाते हैं बच्चे फुसलाए जाते हैं गलियों में लाठियां और छुरा चलने के लिए टेढ़ी भौंहे कारण बन जाती हैं उधर रेजीडेण्ट साहब से महाराजा की अनबन चल रही है' राजमाता चुप रहीं ''दूसरे दिन राजा चेतसिंह के पास रेजिडेण्ट मार्कहेम की चिठ्ठी आई, जिसमें नगर की खराब व्यवस्था की कड़ी आलोचना थी डाकुओं और गुण्डों को पकड़ने के लिए, उन पर कड़ा नियन्त्रण रखने की सम्मति भी थी कुबरा मौलवी वाली घटना का भी उल्लेख था उधर हेंस्टिंग्स के आने की भी सूचना थी शिवालयघाट और रामनगर में हलचल मच गई! कोतवाल हिम्मतसिंह, पागल की तरह, जिसके हाथ में लाठी, लोहांगी, गड़ांसा, बिछुआ और करौली देखते, उसी को पकड़ने लगे एक दिन नन्हकूसिंह सुम्भा के नाले के संगम पर, ऊंचे–से टीले की घनी हरियाली में अपने चुने हुए साथियों के साथ दूधिया छान रहे थे गंगा में, उनकी पतली डोंगी बड़ की जटा से बंधी थी कथकों का गाना हो रहा था चार उलांकी इक्के कसे–कसाये खड़े थे नन्हकूसिंह ने अकस्मात् कहा,'मलूकी!' गाना जमता नहीं है उलांकी पर बैठकर जाओ, दुलारी को बुला लाओ' मलूकी वहां मजीरा बजा रहा था दौड़कर इक्के पर जा बैठा आज नन्हकूसिंह का मन उखड़ा था बूटी कई बार छानने पर भी नशा नहीं एक घण्टे में दुलारी सामने आ गई उसने मुस्कराकर कहा, 'क्या हुक्म है बाबू साहब?'

'दुलारी! आज गाना सुनने का मन कर रहा है'

'इस जंगल में क्यों?' उसने सशंक हँसकर कुछ अभिप्राय से पूछा

'तुम किसी तरह का खटका न करो' नन्हकूसिंह ने हँसकर कहा'यह तो मैं उस दिन महारानी से भी कह आई हूं'

'क्या, किससे?'

'राजमाता पन्नादेवी से'

फिर उस दिन गाना नहीं जमा दुलारी ने आश्चर्य से देखा कि तानों में नन्हकू की आंखें तर हो जाती हैं गाना-बजाना समाप्त हो गया था वर्षा की रात में झिल्लियों का स्वर उस झुरमुट में गूंज रहा था मंदिर के समीप ही छोटे-से कमरे में नन्हकूसिंह चिन्ता में निमग्न बैठा था आंखों में नींद नहीं और सब लोग तो सोने लगे थे, दुलारी जाग रही थी वह भी कुछ सोच रही थी आज उसे, अपने को रोकने के लिए कठिन प्रयत्न करना पड़ रहा था। किन्तु असफल होकर वह उठी और नन्हकू के समीप धीरे-धीरे चली आई कुछ आहट पाते ही चौंककर नन्हकूसिंह ने पास ही पड़ी हुई तलवार उठा ली तब तक हंसकर दुलारी ने कहा,'बाबू साहब, यह क्या? स्त्रियों पर भी तलवार चलाई जाती है!'

छोटे-से दीपक के प्रकाश में वासना-भरी रमणी का मुख देखकर नन्हकू हंस पड़ा उसने कहा,'क्यों बाईजी! क्या इसी समय जाने की पड़ी है मौलवी ने फिर बुलाया है क्या?' दुलारी नन्हकू के पास बैठ गई नन्हकू ने कहा,'क्या तुमको डर लग रहा है?'

'नहीं, मैं कुछ पूछने आई हूं'

'क्या?'

'क्या,...यही कि...कभी तुम्हारे ह्रदय में...'

'उसे न पूछो दुलारी! ह्रदय को बेकार ही समझ कर तो उसे हाथ में लिए फिर रहा हूं कोई कुछ कर देता-कुचलता-चीरता-उछालता! मर

जाने के लिए सब कुछ तो करता हूं, पर मरने नहीं पाता'

'मरने के लिए भी कहीं खोजने जाना पड़ता है आपको काशी का हाल क्या मालूम! न जाने घड़ी भर में क्या हो जाय उलट–पलट होने वाला है क्या, बनारस की गलियां जैसे काटने को दौड़ती हैं'

'कोई नई बात इधर हुई है क्या?'

'कोई हेस्टिंग्ज आया है सुना है उसने शिवालयघाट पर तिलंगों की कम्पनी का पहरा बैठा दिया है राजा चेतसिंह और राजमाता पन्ना वहीं हैं कोई–कोई कहता है कि उनको पकड़कर कलकत्ता भेजने...'

'क्या पन्ना भी...रनिवास भी वहीं है' नन्हकू अधीर हो उठा था

'क्यों बाबू साहब, आज रानी पन्ना का नाम सुनकर आपकी आंखों में आंसू क्यो आ गए?'

सहसा नन्हकू का मुख भयानक हो उठा! उसने कहा, 'चुप रहो, तुम उसको जानकर क्या करोगी?' वह उठ खड़ा हुआ उद्विग्न की तरह न जाने क्या खोजने लगा फिर स्थिर होकर उसने कहा, 'दुलारी! जीवन में आज यह पहला ही दिन है कि एकान्त रात में एक स्त्री मेरे पलंग पर आकर बैठ गई है, मैं चिरकुमार! अपनी एक प्रतिज्ञा का निर्वाह करने के लिए सैकड़ों असत्य, अपराध करता फिर रहा हूं क्यों? तुम जानती हो? मैं स्त्रियों का घोर विद्रोही हूं और पन्ना! ...किन्तु उसका क्या अपराध! अत्याचारी बलवन्तसिंह के कलेजे में बिछुआ मैं न उतार सका किन्तु पन्ना! उसे पकड़कर गोरे कलकत्ते भेज देंगे! वही...'

नन्हकूसिंह उन्मत्त हो उठा था दुलारी ने देखा, नन्हकू अन्धकार में ही वट वृक्ष के नीचे पहुंचा और गंगा की उमड़ती हुई धारा में डोंगी खोल दी–उसी घने अन्धकार में दुलारी का हृदय कांप उठा'''

16 अगस्त सन् 1781 को काशी डांवाडोल हो रही थी शिवालयघाट में राजा चेतसिंह लेफ्टिनेण्ट इस्टाकर के पहरे में थे नगर में आतंक था दूकानें बन्द थीं घरों में बच्चे अपनी मां से पूछते थे–'मां, आज हलुए वाला नहीं आया' वह कहती, 'चुप बेटे!' सड़कें सूनी पड़ी थीं तिलंगों की कम्पनी के आगे–आगे कुबरा मौलवी कभी–कभी, आता–जाता दिखाई पड़ता था उस समय खुली हुई खिड़कियां बन्द हो जाती थीं भय और सन्नाटे का राज्य था चौक में चिथरूसिंह की हवेली अपने भीतर काशी की वीरता को बन्द किये कोतवाल का अभिनय कर रही थी इसी समय किसी ने पुकारा, 'हिम्मतसिंह!'

खिड़की में से सिर निकाल कर हिम्मतसिंह ने पूछा, 'कौन?'

'बाबू नन्हकूसिंह!'

'अच्छा, तुम अब तक बाहर ही हो?'

'पागल! राजा कैद हो गए हैं छोड़ दो इन सब बहादुरों को! हम एक बार इनको लेकर शिवालयघाट पर जाएं'

'ठहरो'–कहकर हिम्मतसिंह ने कुछ आज्ञा दी, सिपाही बाहर निकले नन्हकू की तलवार चमक उठी सिपाही भीतर भागे नन्हकू ने कहा–'नमकहरामों! चूड़ियां पहन लो' लोगों के देखते–देखते नन्हकूसिंह चला गया कोतवाली के सामने फिर सन्नाटा हो गया नन्हकू उन्मत्त था उसके थोड़े–से साथी उसकी आज्ञा पर जान देने के लिए तुले थे वह नहीं जानता था कि राजा चेतसिंह का क्या राजनीतिक अपराध है? उसने कुछ सोचकर अपने थोड़े–से साथियों को फाटक पर गड़बड़ मचाने के लिए भेज दिया इधर अपनी डोंगी लेकर शिवालय की खिड़की के नीचे धारा काटता हुआ पहुंचा किसी तरह निकले हुए पत्थर में रस्सी अटकाकर, उस चंचल डोंगी को उसने स्थिर किया और बन्दर

की तरह उछलकर खिड़की के भीतर हो रहा उस समय वहां राजमाता पन्ना और राजा चेतसिंह से बाबू मनिहारसिंह कह रहे थे–'आपके यहां रहने से, हम लोग क्या करें, यह समझ में नहीं आता पूजा–पाठ समाप्त करके आप रामनगर चली गई होतीं, तो यह...'

तेजस्विनी पन्ना ने कहा, 'अब मैं रामनगर कैसे चली जाऊं?'

मनिहारसिंह दुखी होकर बोले, 'कैसे बताऊं? मेरे सिपाही तो बन्दी हैं'

इतने में फाटक पर कोलाहल मचा राज–परिवार अपनी मन्त्रणा में डूबा था कि नन्हकूसिंह का आना उन्हें मालूम हुआ सामने का द्वार बन्द था नन्हकूसिंह ने एक बार गंगा की धारा को देखा–उसमें एक नाव घाट पर लगने के लिए लहरों से लड़ रही थी वह प्रसन्न हो उठा इसी की प्रतीक्षा में वह रुका था उसने जैसे सबको सचेत करते हुए कहा–

'महारानी कहां हैं?'

सबने घूम कर देखा–एक अपरिचित वीर–मूर्ति! शस्त्रों से लदा हुआ पूरा देव!

चेतसिंह ने पूछा, 'तुम कौन हो?'

'राज–परिवार का एक बिना दाम का सेवक!'

पन्ना के मुंह से हलकी–सी एक सांस निकल रह गई उसने पहचान लिया इतने वर्षों के बाद! वही नन्हकूसिंह मनिहारसिंह ने पूछा, 'तुम क्या कर सकते हो?'

'मैं मर सकता हूं! पहले महारानी को डोंगी पर बिठाइए नीचे दूसरी डोंगी पर अच्छे मल्लाह हैं फिर बात कीजिए'–मनिहारसिंह ने देखा, जनानी ड्योढ़ी का दरोगा राज की एक डोंगी पर चार मल्लाहों के साथ खिड़की से नाव सटाकर प्रतीक्षा में है उन्होंने पन्ना से कहा, 'चलिए, मैं साथ चलता हूं'

'और३'—चेतसिंह को देखकर, पुत्रवत्सला ने संकेत से एक प्रश्न किया, उसका उत्तर किसी के पास न था मनिहारसिंह ने कहा,'तब मैं यहीं?' नन्हकू ने हंसकर कहा,'मेरे मालिक, आप नाव पर बैठें जब तक राजा भी नाव पर न बैठ जाएंगे, तब तक सत्रह गोली खाकर भी नन्हकूसिंह जीवित रहने की प्रतिज्ञा करता है'

पन्ना ने नन्हकू को देखा एक क्षण के लिए चारों आंखें मिली, जिनमें जन्म–जन्म का विश्वास ज्योति की तरह जल रहा था फाटक बलपूर्वक खोला जा रहा था नन्हकू ने उन्मत्त होकर कहा, 'मालिक! जल्दी कीजिए' दूसरे क्षण पन्ना डोंगी पर थी और नन्हकूसिंह फाटक पर इस्टाकर के साथ चेतराम ने आकर एक चिठ्ठी मनिहारसिंह को हाथ में दी लेफ्टिनेण्ट ने कहा, 'आप के आदमी गड़बड़ मचा रहे हैं अब मै अपने सिपाहियों को गोली चलाने से नहीं रोक सकता'

'मेरे सिपाही यहां कहां हैं, साहब?'—मनिहारसिंह ने हंसकर कहा बाहर कोलाहल बढ़ने लगा चेतराम ने कहा, 'पहले चेतसिंह को कैद कीजिए' 'कौन ऐसी हिम्मत करता है?' कड़ककर कहते हुए बाबू मनिहारसिंह ने तलवार खींच ली अभी बात पूरी न हो सकी थी कि कुबरा मौलवी वहां पहुंचा! यहां मौलवी साहब की कलम नहीं चल सकती थी, और न ये बाहर ही जा सकते थे उन्होंने कहा, 'देखते क्या हो चेतराम!'

चेतराम ने राजा के ऊपर हाथ रखा ही था कि नन्हकू के सधे हुए हाथ ने उसकी भुजा उड़ा दी इस्टाकर आगे बढ़े, मौलवी साहब चिल्लाने लगे नन्हकूसिंह ने देखते–देखते इस्टाकर और उसके कई साथियों को धराशाई किया फिर मौलवी साहब कैसे बचते!

नन्हकूसिंह ने कहा, 'क्यों, उस दिन के झापड़ ने तुमको समझाया नहीं? पाजी!' कहकर ऐसा साफ जनेवा मारा कि कुबरा ढेर हो गया कुछ ही

क्षणों में यह भीषण घटना हो गई, जिसके लिए अभी कोई प्रस्तुत न था नन्हकूसिंह ने ललकार कर चेतसिंह से कहा, 'आप क्या देखते हैं? उतरिए डोंगी पर!' –उसके घावों से रक्त के फुहारे छूट रहे थे उधर फाटक से तिलंगे भीतर आने लगे थे चेतसिंह ने खिड़की से उतरते हुए देखा कि बीसों तिलंगों की संगीनों में वह अविचल खड़ा होकर तलवार चला रहा है नन्हकू के चट्टान–सदृश शरीर से गैरिक की तरह रक्त की धारा बह रही है गुण्डे का एक–एक अंग कटकर वहीं गिरने लगा। वह काशी का गुंडा था!

# इंद्रजाल

1

गाँव के बाहर, एक छोटे–से बंजर में कंजरों का दल पड़ा था। उस परिवार में टट्टू, भैंसे और कुत्तों को मिलाकर इक्कीस प्राणी थे। उसका सरदार मैकू, लम्बी–चौड़ी हड्डियोंवाला एक अधेड़ पुरुष था। दया–माया उसके पास फटकने नहीं पाती थी। उसकी घनी दाढ़ी और मूँछों के भीतर प्रसन्नता की हँसी छिपी ही रह जाती। गाँव में भीख माँगने के लिए जब कंजरों की स्त्रियाँ जातीं, तो उनके लिए मैकू की आज्ञा थी कि कुछ न मिलने पर अपने बच्चों को निर्दयता से गृहस्थ के द्वार पर जो स्त्री न पटक देगी, उसको भयानक दण्ड मिलेगा।

उस निर्दय झुण्ड में गानेवाली एक लडकी थी। और एक बाँसुरी बजानेवाला युवक। ये दोनों भी गा–बजाकर जो पाते, वह मैकू के चरणों में लाकर रख देते। फिर भी गोली और बेला की प्रसन्नता की सीमा न थी। उन दोनों का नित्य सम्पर्क ही उनके लिए स्वर्गीय सुख था। इन घुमक्कड़ों के दल में ये दोनों विभिन्न रुचि के प्राणी थे।

बेला बेडिन थी। माँ के मर जाने पर अपने शराबी और अकर्मण्य पिता के साथ वह कंजरों के हाथ लगी। अपनी माता के गाने–बजाने का संस्कार उसकी नस–नस में भरा था। वह बचपन से ही अपनी माता का अनुकरण करती हुई अलापती रहती थी।

शासन की कठोरता के कारण कंजरों का डाका और लड़कियों के चुराने का व्यापार बन्द हो चला था। फिर भी मैकू अवसर से नहीं चूकता। अपने दल की उन्नति में बराबर लगा ही रहता। इस तरह गोली के बाप के मर जाने पर–जो एक चतुर नट था–मैकू ने उसकी खेल की पिटारी के साथ गोली पर भी अधिकार जमाया। गोली महुअर तो बजाता ही था, पर बेला का साथ होने पर उसने बाँसुरी बजाने में अभ्यास किया। पहले तो उसकी नट–विद्या में बेला भी मनोयोग से लगी किन्तु दोनों को भानुमती वाली पिटारी ढोकर दो–चार पैसे कमाना अच्छा न लगा। दोनों को मालूम हुआ कि दर्शक उस खेल से अधिक उसका गाना पसन्द करते हैं। दोनों का झुकाव उसी ओर हुआ। पैसा भी मिलने लगा। इन नवागन्तुक बाहरियों की कंजरों के दल में प्रतिष्ठा बढ़ी।

बेला साँवली थी। जैसे पावस की मेघमाला में छिपे हुए आलोकपिण्ड का प्रकाश निखरने की अदम्य चेष्टा कर रहा हो, वैसे ही उसका यौवन सुगठित शरीर के भीतर उद्वेलित हो रहा था। गोली के स्नेह की मदिरा से उसकी कजरारी आँखें लाली से भरी रहतीं। वह चलती तो थिरकती हुई, बातें करती तो हँसती हुई। एक मिठास उसके चारों ओर बिखरी रहती। फिर भी गोली से अभी उसका ब्याह नहीं हुआ था।

गोली जब बाँसुरी बजाने लगता, तब बेला के साहित्यहीन गीत जैसे प्रेम के माधुर्य की व्याख्या करने लगते। गाँव के लोग उसके गीतों के

लिए कंजरों को शीघ्र हटाने का उद्योग नहीं करते! जहाँ अपने सदस्यों के कारण कंजरों का वह दल घृणा और भय का पात्र था, वहाँ गोली और बेला का संगीत आकर्षण के लिए पर्याप्त था किन्तु इसी में एक व्यक्ति का अवांछनीय सहयोग भी आवश्यक था। वह था भूरे, छोटी–सी ढोल लेकर उसे भी बेला का साथ करना पड़ता।

भूरे सचमुच भूरा भेड़िया था। गोली अधरों से बाँसुरी लगाये अर्द्धनिमीलित आँखों के अन्तराल से, बेला के मुख को देखता हुआ जब हृदय की फूँक से बाँस के टुकड़े को अनुप्राणित कर देता, तब विकट घृणा से ताड़ित होकर भूरे की भयानक थाप ढोल पर जाती। क्षण–भर के लिए जैसे दोनों चौंक उठते।

उस दिन ठाकुर के गढ़ में बेला का दल गाने के लिए गया था। पुरस्कार में कपड़े–रुपये तो मिले ही थे बेला को एक अँगूठी भी मिली थी। मैकू उन सबको देखकर प्रसन्न हो रहा था। इतने में सिरकी के बाहर कुछ हल्ला सुनाई पड़ा। मैकू ने बाहर आकर देखा कि भूरे और गोली में लड़ाई हो रही थी। मैकू के कर्कश स्वर से दोनों भयभीत हो गये। गोली ने कहा–"मैं बैठा था, भूरे ने मुझको गालियाँ दीं। फिर भी मैं न बोला, इस पर उसने मुझे पैर से ठोकर लगा दी।"

"और यह समझता है कि मेरी बाँसुरी के बिना बेला गा ही नहीं सकती। मुझसे कहने लगा कि आज तुम ढोलक बेताल बजा रहे थे।" भूरे का कण्ठ क्रोध से भर्राया हुआ था।

मैकू हँस पड़ा। वह जानता था कि गोली युवक होने पर भी सुकुमार और अपने प्रेम की माधुरी में विह्वल, लजीला और निरीह था। अपने को प्रमाणित करने की चेष्टा उसमें थी ही नहीं। वह आज जो कुछ उग्र हो गया, इसका कारण है केवल भूरे की प्रतिद्वन्द्विता।

बेला भी वहाँ आ गयी थी। उसने घृणा से भूरे की ओर देखकर कहा– 'तो क्या तुम सचमुच बेताल नहीं बजा रहे थे?'

'मैं बेताल न बजाऊँगा, तो दूसरा कौन बजायेगा। अब तो तुमको नये यार न मिले हैं। बेला! तुझको मालूम नहीं तेरा बाप मुझसे तेरा ब्याह ठीक करके मरा है। इसी बात पर मैंने उसे अपना नैपाली का दोगला टट्टू दे दिया था, जिस पर अब भी तू चढकर चलती है।" भूरे का मुँह क्रोध के झाग से भर गया था। वह और भी कुछ बकताय किन्तु मैकू की डाँट पड़ी। सब चुप हो गये।

उस निर्जन प्रान्त में जब अन्धकार खुले आकाश के नीचे तारों से खेल रहा था, तब बेला बैठी कुछ गुनगुना रही थी।

कंजरों की झोपड़ियों के पास ही पलाश का छोटा–सा जंगल था। उनमें बेला के गीत गूँज रहे थे। जैसे कमल के पास मधुकर को जाने से कोई रोक नहीं सकता उसी तरह गोली भी कब माननेवाला था। आज उसके निरीह हृदय में संघर्ष के कारण आत्मविश्वास का जन्म हो गया था। अपने प्रेम के लिए, अपने वास्तविक अधिकार के लिए झगड़ने की शक्ति उत्पन्न हो गयी थी। उसका छुरा कमर में था। हाथ में बाँसुरी थी। बेला की गुनगुनाहट बन्द होते ही बाँसुरी में गोली उसी तान को दुहराने लगा। दोनों वन–विहंगम की तरह उस अँधेरे कानन में किलकारने लगे। आज प्रेम के आवेश ने आवरण हटा दिया था, वे नाचने लगे। आज तारों की क्षीण ज्योति में हृदय–से–हृदय मिले, पूर्ण आवेग में। आज बेला के जीवन में यौवन का और गोली के हृदय में पौरुष का प्रथम उन्मेष था।

किन्तु भूरा भी वहाँ आने से नहीं रुका। उसके हाथ में भी भयानक छुरा था। आलिंगन में आबद्ध बेला ने चीत्कार किया। गोली छटककर दूर

जा खड़ा हुआ, किन्तु घाव ओछा लगा।

बाघ की तरह झपटकर गोली ने दूसरा वार किया। भूरे सम्हाल न सका। फिर तीसरा वार चलाना ही चाहता था कि मैकू ने गोली का हाथ पकड़ लिया। वह नीचे सिर किये खड़ा रहा।

मैकू ने कड़क कर कहा–"बेला, भूरे से तुझे ब्याह करना ही होगा। यह खेल अच्छा नहीं।"

उसी क्षण सारी बातें गोली के मस्तक में छाया–चित्र–सी नाच उठीं। उसने छुरा धीरे से गिरा दिया। उसका हाथ छूट गया। जब बेला और मैकू भूरे का हाथ पकड़कर ले चले, तब गोली कहाँ जा रहा है, इसका किसी को ध्यान न रहा।

## 2

कंजर–परिवार में बेला भूरे की स्त्री मानी जाने लगी। बेला ने भी सिर झुका कर इसे स्वीकार कर लिया। परन्तु उसे पलाश के जंगल में सन्ध्या के समय जाने से कोई भी नहीं रोक सकता था। उसे जैसे सायंकाल में एक हलका–सा उन्माद हो जाता। भूरे या मैकू भी उसे वहाँ जाने से रोकने में असमर्थ थे। उसकी दृढ़ता–भरी आँखों से घोर विरोध नाचने लगता।

बरसात का आरम्भ था। गाँव की ओर से पुलिस के पास कोई विरोध की सूचना भी नहीं मिली थी। गाँव वालों की छुरी–हँसिया और काठ–कबाड़ के कितने ही काम बनाकर वे लोग पैसे लेते थे। कुछ अन्न यों भी मिल जाता। चिडियाँ पकड़कर, पक्षियों का तेल बनाकर, जड़ी–बूटी की दवा तथा उत्तेजक औषधियों और मदिरा का व्यापार करके, कंजरों ने गाँव तथा गढ़ के लोगों से सद्भाव भी बना लिया था। सबके ऊपर आकर्षक बाँसुरी जब उसके साथ नहीं बजती थी, तब

भी बेला के गले में एक ऐसी नयी टीस उत्पन्न हो गयी थी, जिसमें बाँसुरी का स्वर सुनाई पड़ता था।

अन्तर में भरे हुए निष्फल प्रेम से युवती का सौन्दर्य निखर आया था। उसके कटाक्ष अलस, गति मदिर और वाणी झंकार से भर गयी थी। ठाकुर साहब के गढ़ में उसका गाना प्रायः हुआ करता था।

छींट का घाघरा और चोली, उस पर गोटे से ढँकी हुई ओढ़नी सहज ही खिसकती रहती। कहना न होगा कि आधा गाँव उसके लिए पागल था। बालक पास से, युवक ठीक–ठिकाने से और बूढ़े अपनी मर्यादा, आदर्शवादिता की रक्षा करते हुए दूर से उसकी तान सुनने के लिए, एक झलक देखने के लिए घात लगाये रहते।

गढ़ के चौक में जब उसका गाना जमता, तो दूसरा काम करते हुए अन्यमनस्कता की आड़ में मनोयोग से और कनखियों से ठाकुर उसे देख लिया करते।

मैकू घाघ था। उसने ताड़ लिया। उस दिन संगीत बन्द होने पर पुरस्कार मिल जाने पर और भूरे के साथ बेला के गढ़ के बाहर जाने पर भी मैकू वहीं थोड़ी देर तक खड़ा रहा। ठाकुर ने उसे देखकर पूछा–'क्या है?'

"सरकार! कुछ कहना है।"

"क्या?"

"यह छोकरी इस गाँव से जाना नहीं चाहती। उधर पुलिस तंग कर रही है।"

भजाना नहीं चाहती, क्यों?"

"वह तो घूम–घाम कर गढ़ में आ जाती है। खाने को मिल जाता है।"

मैकू आगे की बात चुप होकर कुछ–कुछ संकेत–भरी मुस्कराहट से

कह देना चाहता था।

ठाकुर के मन में हलचल होने लगी। उसे दबाकर प्रतिष्ठा का ध्यान करके ठाकुर ने कहा–

"तो मैं क्या करूँ?"

"सरकार! वह तो साँझ होते ही पलाश के जंगल में अकेली चली जाती है। वहीं बैठी हुई बड़ी रात तक गाया करती है।"

"हूँ!"

"एक दिन सरकार धमका दें, तो हम लोग उसे ले–देकर आगे कहीं चले जायँ।"

"अच्छा।"

मैकू जाल फैलाकर चला आया। एक हजार की बोहनी की कल्पना करते वह अपनी सिरकी में बैठकर हुक्का गुड़गुड़ाने लगा।

बेला के सुन्दर अंग की मेघ–माला प्रेमराशि की रजत–रेखा से उद्भासित हो उठी थी। उसके हृदय में यह विश्वास जम गया था कि भूरे के साथ घर बसाना गोली के प्रेम के साथ विश्वासघात करना है। उसका वास्तविक पति तो गोली ही है। बेला में यह उच्छृङ्खल भावना विकट ताण्डव करने लगी। उसके हृदय में वसन्त का विकास था। उमंग में मलयानिल की गति थी। कण्ठ में वनस्थली की काकली थी। आँखों में कुसुमोत्सव था और प्रत्येक आन्दोलन में परिमल का उद्गार था। उसकी मादकता बरसाती नदी की तरह वेगवती थी।

आज उसने अपने जूड़े में जंगली करौंदे के फूलों की माला लपेटकर, भरी मस्ती में जंगल की ओर चलने के लिए पैर बढ़ाया, तो भूरे ने डाँटकर कहा–"कहाँ चली?"

"यार के पास।" उसने छूटते ही कहा। बेला के सहवास में आने पर

अपनी लघुता को जानते हुए मसोसकर भूरे ने कहा–"तू खून कराये बिना चैन न लेगी।"

बेला की आँखों में गोली का और उसके परिवर्धमान प्रेमांकुर का चित्र था, जो उसके हट जाने पर विरह–जल से हरा–भरा हो उठा था। बेला पलाश के जंगल में अपने बिछुड़े हुए प्रियतम के उद्देश्य से दो–चार विरह–वेदना की तानों की प्रतिध्वनि छोड़ आने का काल्पनिक सुख नहीं छोड़ सकती थी।

उस एकान्त सन्ध्या में बरसाती झिल्लियों की झनकार से वायुमण्डल गूँज रहा था। बेला अपने परिचित पलाश के नीचे बैठकर गाने लगी– चीन्हत नाहीं बदल गये नैना ऐसा मालूम होता था कि सचमुच गोली उस अन्धकार में अपरिचित की तरह मुँह फिराकर चला जा रहा है। बेला की मनोवेदना को पहचानने की क्षमता उसने खो दी है।

बेला का एकान्त में विरह–निवेदन उसकी भाव–प्रवणता को और भी उत्तेजित करता था। पलाश का जंगल उसकी कातर कुहुक से गूँज रहा था। सहसा उस निस्तब्धता को भंग करते हुए घोड़े पर सवार ठाकुर साहब वहाँ आ पहुँचे।

अरे बेला! तू यहाँ क्या कर रही है?"

बेला की स्वर–लहरी रुक गयी थी। उसने देखा ठाकुर साहब! महत्व का सम्पूर्ण चित्र, कई बार जिसे उसने अपने मन की असंयत कल्पना में दुर्गम शैल–शृंग समझकर अपने भ्रम पर अपनी हँसी उड़ा चुकी थी। वह सकुच कर खड़ी हो रही। बोली नहीं, मन में सोच रही थी– "गोली को छोड़कर भूरे के साथ रहना क्या उचित है? और नहीं तो फिर"

ठाकुर ने कहा–"तो तुम्हारे साथ कोई नहीं है। कोई जानवर निकल आवे, तो?"

बेला खिलखिला कर हँस पड़ी। ठाकुर का प्रमाद बढ़ चला था। घोड़े से झुककर उसका कन्धा पकड़ते हुए कहा, "चलो, तुमको पहुँचा दें।" उसका शरीर काँप रहा था, और ठाकुर आवेश में भर रहे थे। उन्होंने कहा–"बेला, मेरे यहाँ चलोगी?"

"भूरे मेरा पति है!" बेला के इस कथन में भयानक व्यंग था। वह भूरे से छुटकारा पाने के लिए तरस रही थी। उसने धीरे से अपना सिर ठाकुर की जाँघ से सटा दिया। एक क्षण के लिए दोनों चुप थे। फिर उसी समय अन्धकार में दो मूर्तियों का प्रादुर्भाव हुआ। कठोर कण्ठ से भूरे ने पुकारा– "बेला! "ठाकुर सावधान हो गये थे। उनका हाथ बगल की तलवार की मूठ पर जा पड़ा। भूरे ने कहा– "जंगल में किसलिए तू आती थी, यह मुझे आज मालूम हुआ। चल, तेरा खून पिये बिना न छोड़ूँगा। "ठाकुर के अपराध का आरम्भ तो उनके मन में हो ही चुका था। उन्होंने अपने को छिपाने का प्रयत्न छोड़ दिया। कड़ककर बोले– "खून करने के पहले अपनी बात भी सोच लो, तुम मुझ पर सन्देह करते हो, तो यह तुम्हारा भ्रम है। मैं तो" अब मैकू आगे आया। उसने कहा–"सरकार! बेला अब कंजरों के दल में नहीं रह सकेगी।"

"तो तुम क्या कहना चाहते हो?" ठाकुर साहब अपने में आ रहे थे, फिर भी घटना–चक्र से विवश थे।

"अब यह आपके पास रह सकती है। भूरे इसे लेकर हम लोगों के संग नहीं रह सकता।" मैकू पूरा खिलाड़ी था। उसके सामने उस अन्धकार में रुपये चमक रहे थे।

ठाकुर को अपने अहंकार का आश्रय मिला। थोड़ा–सा विवेक, जो उस अन्धकार में झिलमिला रहा था, बुझ गया। उन्होंने कहा– "तब तुम क्या चाहते हो?"

"एक हजार।"

"चलो, मेरे साथ"–कहकर बेला का हाथ पकड़कर ठाकुर ने घोड़े को आगे बढ़ाया। भूरे कुछ भुनभुना रहा थाय पर मैकू ने उसे दूसरी ओर भेजकर ठाकुर का संग पकड़ लिया। बेला रिकाब पकड़े चली जा रही थी।

दूसरे दिन कंजरों का दल उस गाँव से चला गया।

3

ऊपर की घटना को कई साल बीत गये। बेला ठाकुर साहब की एकमात्र प्रेमिका समझी जाती है। अब उसकी प्रतिष्ठा अन्य कुल–बधुओं की तरह होने लगी है। नये उपकरणों से उसका घर सजाया गया है। उस्तादों से गाना सीखा है। गढ़ के भीतर ही उसकी छोटी–सी साफ–सुथरी हवेली है। ठाकुर साहब की उमंग की रातें वहीं कटती हैं। फिर भी ठाकुर कभी–कभी प्रत्यक्ष देख पाते कि बेला उनकी नहीं है! वह न जाने कैसे एक भ्रम में पड़ गये। बात निबाहने की आ पड़ी।

एक दिन एक नट आया। उसने अनेक तरह के खेल दिखलाये। उसके साथ उसकी स्त्री थी, वह घूँघट ऊँचा नहीं करती थी। खेल दिखलाकर जब अपनी पिटारी लेकर जाने लगा, तो कुछ मनचले लोगों ने पूछा–

"क्यों जी, तुम्हारी स्त्री कोई खेल नहीं करती क्या?"

"करती तो है सरकार! फिर किसी दिन दिखलाऊँगा। "कहकर वह चला गयाय किन्तु उसकी बाँसुरी की धुन बेला के कानों में उन्माद का आह्वान सुना रही थी। पिंजड़े की वन–विहंगनी को वसन्त की फूली हुई डाली का स्मरण हो आया था।

दूसरे दिन गढ़ में भारी जमघट लगा। गोली का खेल जम रहा था। सब लोग उसके हस्त–कौशल में मुग्ध थे। सहसा उसने कहा–

"सरकार! एक बड़ा भारी दैत्य आकाश में आ गया है, मैं उससे लड़ने जाता हूँ, मेरी स्त्री की रक्षा आप लोग कीजियेगा।"

गोली ने एक डोरी निकालकर उसको ऊपर आकाश की ओर फेंका। वह सीधी तन गयी। सबके देखते–देखते गोली उसी के सहारे आकाश में चढकर अदृश्य हो गया। सब लोग मुग्ध होकर भविष्य की प्रतीक्षा कर रहे थे। किसी को यह ध्यान नहीं रहा कि स्त्री अब कहाँ है।

गढ़ के फाटक की ओर सबकी दृष्टि फिर गयी। गोली लहू से रंगा चला आ रहा था। उसने आकर ठाकुर को सलाम किया और कहा– "सरकार! मैंने उस दैत्य को हरा दिया। अब मुझे इनाम मिलना चाहिए।"

सब लोग उस पर प्रसन्न होकर पैसों–रुपयों की बौछार करने लगे। उसने झोली भरकर इधर–उधर देखा, फिर कहा–"सरकार मेरी स्त्री भी अब मिलनी चाहिए, मैं भी। किन्तु यह क्या, वहाँ तो उसकी स्त्री का पता नहीं। गोली सिर पकड़कर शोक–मुद्रा में बैठ गया। जब खोजने पर उसकी स्त्री नहीं मिली, तो उसने चिल्लाकर कहा– "यह अन्याय इस राज्य में नहीं होना चाहिए। मेरी सुन्दरी स्त्री को ठाकुर साहब ने गढ़ के भीतर कहीं छिपा दिया। मेरी योगिनी कह रही है।" सब लोग हँसने लगे। लोगों ने समझा, यह कोई दूसरा खेल दिखलाने जा रहा है। ठाकुर ने कहा– "तो तू अपनी सुन्दर स्त्री मेरे गढ़ में से खोज ला!" अन्धकार होने लगा था। उसने जैसे घबड़ाकर चारों ओर देखने का अभिनय किया। फिर आँख मूँदकर सोचने लगा।

लोगों ने कहा– "खोजता क्यों नहीं? कहाँ है तेरी सुन्दरी स्त्री?"

"तो जाऊँ न सरकार?"

"हाँ, हाँ, जाता क्यों नहीं"– ठाकुर ने भी हँसकर कहा।

गोली नयी हवेली की ओर चला। वह निष्शंक भीतर चला गया। बेला बैठी हुई तन्मय भाव से बाहर की भीड़ झरोखे से देख रही थी। जब उसने गोली को समीप आते देखा, तो वह काँप उठी। कोई दासी वहाँ न थी। सब खेल देखने में लगी थीं। गोली ने पोटली फेंककर कहा– "बेला! जल्द चलो।"बेला के हृदय में तीव्र अनुभूति जाग उठी थी। एक क्षण में उस दीन भिखारी की तरह–जो एक मुट्ठी भीख के बदले अपना समस्त संचित आशीर्वाद दे देना चाहता है–वह वरदान देने के लिए प्रस्तुत हो गयी। मन्त्र–मुग्ध की तरह बेला ने उस ओढ़नी का घूँघट बनाया। वह धीरे–धीरे उसके पीछे भीड़ में आ गयी। तालियाँ पिटीं। हँसी का ठहाका लगा। वही घूँघट, न खुलने वाला घूँघट सायंकालीन समीर से हिल कर रह जाता था। ठाकुर साहब हँस रहे थे। गोली दोनों हाथों से सलाम कर रहा था।

रात हो चली थी। भीड़ के बीच गोली बेला को लिये जब फाटक के बाहर पहुँचा, तब एक लड़के ने आकर कहा– "एक्का ठीक है।"

तीनों सीधे उस पर जाकर बैठ गये। एक्का वेग से चल पड़ा।

अभी ठाकुर साहब का दरबार जम रहा था और नट के खेलों की प्रशंसा हो रही थी।

❒❒❒

# आकाशदीप

1

"बन्दी!"

"क्या है? सोने दो।"

"मुक्त होना चाहते हो?"

"अभी नहीं, निद्रा खुलने पर, चुप रहो।"

"फिर अवसर न मिलेगा।"

"बड़ा शीत है, कहीं से एक कम्बल डालकर कोई शीत से मुक्त करता।"

"आँधी की सम्भावना है। यही अवसर है। आज मेरे बन्धन शिथिल हैं।"

"तो क्या तुम भी बन्दी हो?"

"हाँ, धीरे बोलो, इस नाव पर केवल दस नाविक और प्रहरी हैं।"

"शस्त्र मिलेगा?"

"मिल जायगा। पोत से सम्बद्ध रज्जु काट सकोगे?"

"हाँ।"

समुद्र में हिलोरें उठने लगीं। दोनों बन्दी आपस में टकराने लगे। पहले बन्दी ने अपने को स्वतन्त्र कर लिया। दूसरे का बन्धन खोलने का प्रयत्न करने लगा। लहरों के धक्के एक–दूसरे को स्पर्श से पुलकित कर रहे थे। मुक्ति की आशा–स्नेह का असम्भावित आलिंगन। दोनों ही अन्धकार में मुक्त हो गये। दूसरे बन्दी ने हर्षातिरेक से उसको गले से लगा लिया। सहसा उस बन्दी ने कहा–"यह क्या? तुम स्त्री हो?"

"क्या स्त्री होना कोई पाप है?"–अपने को अलग करते हुए स्त्री ने कहा।

"शस्त्र कहाँ है–तुम्हारा नाम?" "चम्पा।"

तारक–खचित नील अम्बर और समुद्र के अवकाश में पवन ऊधम मचा रहा था। अन्धकार से मिलकर पवन दुष्ट हो रहा था। समुद्र में आन्दोलन था। नौका लहरों में विकल थी। स्त्री सतर्कता से लुढ़कने लगी। एक मतवाले नाविक के शरीर से टकराती हुई सावधानी से उसका कृपाण निकालकर, फिर लुढ़कते हुए, बन्दी के समीप पहुँच गई। सहसा पोत से पथ–प्रदर्शक ने चिल्लाकर कहा–"आँधी!"

आपत्ति–सूचक तूर्य बजने लगा। सब सावधान होने लगे। बन्दी युवक उसी तरह पड़ा रहा। किसी ने रस्सी पकड़ी, कोई पाल खोल रहा था। पर युवक बन्दी ढुलक कर उस रज्जु के पास पहुँचा, जो पोत से संलग्न थी। तारे ढँक गये। तरंगें उद्वेलित हुईं, समुद्र गरजने लगा। भीषण आँधी, पिशाचिनी के समान नाव को अपने हाथों में लेकर कन्दुक–क्रीड़ा और अट्टहास करने लगी।

एक झटके के साथ ही नाव स्वतन्त्र थी। उस संकट में भी दोनों बन्दी खिलखिला कर हँस पड़े। आँधी के हाहाकार में उसे कोई न सुन सका।

## 2

अनन्त जलनिधि में ऊषा का मधुर आलोक फूट उठा। सुनहली किरणों और लहरों की कोमल सृष्टि मुस्कराने लगी। सागर शान्त था। नाविकों ने देखा, पोत का पता नहीं। बन्दी मुक्त हैं।

नायक ने कहा–"बुधगुप्त! तुमको मुक्त किसने किया?"

कृपाण दिखाकर बुधगुप्त ने कहा–"इसने।"

नायक ने कहा–"तो तुम्हें फिर बन्दी बनाऊँगा।"

"किसके लिये? पोताध्यक्ष मणिभद्र अतल जल में होगा–नायक! अब इस नौका का स्वामी मैं हूँ।"

"तुम? जलदस्यु बुधगुप्त? कदापि नहीं।"– चौंक कर नायक ने कहा और अपना कृपाण टटोलने लगा! चम्पा ने इसके पहले उस पर अधिकार कर लिया था। वह क्रोध से उछल पड़ा।

"तो तुम द्वंद्वयुद्ध के लिये प्रस्तुत हो जाओ जो विजयी होगा, वह स्वामी होगा।"– इतना कहकर बुधगुप्त ने कृपाण देने का संकेत किया। चम्पा ने कृपाण नायक के हाथ में दे दिया।

भीषण घात–प्रतिघात आरम्भ हुआ। दोनों कुशल, दोनों त्वरित गतिवाले थे। बड़ी निपुणता से बुधगुप्त ने अपना कृपाण दाँतों से पकड़कर अपने दोनों हाथ स्वतन्त्र कर लिये। चम्पा भय और विस्मय से देखने लगी। नाविक प्रसन्न हो गये। परन्तु बुधगुप्त ने लाघव से नायक का कृपाण वाला हाथ पकड़ लिया और विकट हुंकार से दूसरा हाथ कटि में डाल, उसे गिरा दिया। दूसरे ही क्षण प्रभात की किरणों में बुधगुप्त का विजयी कृपाण हाथों में चमक उठा। नायक की कातर आँखें प्राण–भिक्षा माँगने लगीं।

बुधगुप्त ने कहा– "बोलो, अब स्वीकार है कि नहीं?"

"मैं अनुचर हूँ, वरुणदेव की शपथ। मैं विश्वासघात नहीं करूँगा।" बुधगुप्त ने उसे छोड़ दिया।

चम्पा ने युवक जलदस्यु के समीप आकर उसके क्षतों को अपनी स्निग्ध दृष्टि और कोमल करों से वेदना विहीन कर दिया। बुधगुप्त के सुगठित शरीर पर रक्त–बिन्दु विजय–तिलक कर रहे थे।

विश्राम लेकर बुधगुप्त ने पूछा "हम लोग कहाँ होंगे?"

"बालीद्वीप से बहुत दूर, सम्भवतरू एक नवीन द्वीप के पास, जिसमें अभी हम लोगों का बहुत कम आना–जाना होता है। सिंहल के वणिकों का वहाँ प्राधान्य है।"

"कितने दिनों में हम लोग वहाँ पहुँचेंगे?"

"अनुकूल पवन मिलने पर दो दिन में। तब तक के लिये खाद्य का अभाव न होगा।"

सहसा नायक ने नाविकों को डाँड़ लगाने की आज्ञा दी, और स्वयं पतवार पकड़कर बैठ गया। बुधगुप्त के पूछने पर उसने कहा–"यहाँ एक जलमग्न शैलखण्ड है। सावधान न रहने से नाव टकराने का भय है।"

3

"तुम्हें इन लोगों ने बन्दी क्यों बनाया?"

"वणिक् मणिभद्र की पाप–वासना ने।"

"तुम्हारा घर कहाँ है?"

"जाह्नवी के तट पर। चम्पा–नगरी की एक क्षत्रिय बालिका हूँ। पिता इसी मणिभद्र के यहाँ प्रहरी का काम करते थे। माता का देहावसान हो जाने पर मैं भी पिता के साथ नाव पर ही रहने लगी। आठ बरस से समुद्र ही मेरा घर है। तुम्हारे आक्रमण के समय मेरे पिता ने ही सात

दस्युओं को मारकर जल–समाधि ली। एक मास हुआ, मैं इस नील नभ के नीचे, नील जलनिधि के ऊपर, एक भयानक अनन्तता में निस्सहाय हूँ– अनाथ हूँ। मणिभद्र ने मुझसे एक दिन घृणित प्रस्ताव किया। मैंने उसे गालियाँ सुनाईं। उसी दिन से बन्दी बना दी गई।"–चम्पा रोष से जल रही थी।

"मैं भी ताम्रलिप्ति का एक क्षत्रिय हूँ, चम्पा! परन्तु दुर्भाग्य से जलदस्यु बन कर जीवन बिताता हूँ। अब तुम क्या करोगी?"

"मैं अपने अदृष्ट को अनिर्दिष्ट ही रहने दूँगी। वह जहाँ ले जाय।" –चम्पा की आँखें निस्सीम प्रदेश में निरुद्देश्य थी। किसी आकांक्षा के लाल डोरे न थे। धवल अपांगों में बालकों के सदृश विश्वास था। हत्या–व्यवसायी दस्यु भी उसे देखकर काँप गया। उसके मन में एक सम्भ्रमपूर्ण श्रद्धा यौवन की पहली लहरों को जगाने लगी। समुद्र–वक्ष पर विलम्बमयी राग–रञ्जित सन्ध्या थिरकने लगी। चम्पा के असंयत कुन्तल उसकी पीठ पर बिखरे थे। दुर्दान्त दस्यु ने देखा , अपनी महिमा में अलौकिक एक तरुण बालिका! वह विस्मय से अपने हृदय को टटोलने लगा। उसे एक नई वस्तु का पता चला। वह थी–कोमलता! उसी समय नायक ने कहा–"हम लोग द्वीप के पास पहुँच गये।"

बेला से नाव टकराई। चम्पा निर्भीकता से कूद पड़ी। माँझी भी उतरे। बुधगुप्त ने कहा–"जब इसका कोई नाम नहीं है, तो हम लोग इसे चम्पा–द्वीप कहेंगे।" चम्पा हँस पड़ी।

4

पाँच बरस बाद–

शरद के धवल नक्षत्र नील गगन में झलमला रहे थे। चन्द्र की उज्ज्वल विजय पर अन्तरिक्ष में शरदलक्ष्मी ने आशीर्वाद के फूलों और खीलों

को बिखेर दिया।

चम्पा के एक उच्चसौंध पर बैठी हुई तरुणी चम्पा दीपक जला रही थी। बड़े यत्न से अभ्रक की मञ्जूषा में दीप धरकर उसने अपनी सुकुमार उँगलियों से डोरी खींची। वह दीपाधार ऊपर चढ़ने लगा। भोली–भोली आँखें उसे ऊपर चढ़ते बड़े हर्ष से देख रही थीं। डोरी धीरे–धीरे खींची गई। चम्पा की कामना थी कि उसका आकाश–दीप नक्षत्रों से हिलमिल जाय किन्तु वैसा होना असम्भव था। उसने आशाभरी आँखें फिरा लीं। सामने जल–राशि का रजत शृंगार था। वरुण बालिकाओं के लिए लहरों से हीरे और नीलम की क्रीड़ा शैल–मालायें बन रही थीं– और वे मायाविनी छलनायें–अपनी हँसी का कलनाद छोड़कर छिप जाती थीं। दूर–दूर से धीवरों का वंशी–झनकार उनके संगीत–सा मुखरित होता था। चम्पा ने देखा कि तरल संकुल जल–राशि में उसके कण्डील का प्रतिबिम्ब अस्तव्यस्त था! वह अपनी पूर्णता के लिए सैकड़ों चक्कर काटता था। वह अनमनी होकर उठ खड़ी हुई। किसी को पास न देखकर पुकारा–"जया!"

एक श्यामा युवती सामने आकर खड़ी हुई। वह जंगली थी। नील नभोमण्डल –से मुख में शुद्ध नक्षत्रों की पंक्ति के समान उसके दाँत हँसते ही रहते। वह चम्पा को रानी कहती बुधगुप्त की आज्ञा थी।

"महानाविक कब तक आवेंगे, बाहर पूछो तो।" चम्पा ने कहा। जया चली गई।

दूरागत पवन चम्पा के अञ्चल में विश्राम लेना चाहता था। उसके हृदय में गुदगुदी हो रही थी। आज न जाने क्यों वह बेसुध थी। वह दीर्घकाल दृढ़ पुरुष ने उसकी पीठ पर हाथ रख चमत्कृत कर दिया। उसने फिरकर कहा–"बुधगुप्त!"

"बावली हो क्या? यहाँ बैठी हुई अभी तक दीप जला रही हो, तुम्हें यह काम करना है?"

"क्षीरनिधिशायी अनन्त की प्रसन्नता के लिए क्या दासियों से आकाश –दीप जलवाऊँ?"

"हँसी आती है। तुम किसको दीप जलाकर पथ दिखलाना चाहती हो? उसको, जिसको तुमने भगवान् मान लिया है?"

"हाँ, वह भी कभी भटकते हैं, भूलते हैं, नहीं तो, बुधगुप्त को इतना ऐश्वर्य क्यों देते?"

"तो बुरा क्या हुआ, इस द्वीप की अधीश्वरी चम्पारानी!"

"मुझे इस बन्दीगृह से मुक्त करो। अब तो बाली, जावा और सुमात्रा का वाणिज्य केवल तुम्हारे ही अधिकार में है महानाविक! परन्तु मुझे उन दिनों की स्मृति सुहावनी लगती है, जब तुम्हारे पास एक ही नाव थी और चम्पा के उपकूल में पण्य लाद कर हम लोग सुखी जीवन बिताते थे– इस जल में अगणित बार हम लोगों की तरी आलोकमय प्रभात में तारिकाओं की मधुर ज्योति में– थिरकती थी। बुधगुप्त! उस विजन अनन्त में जब माँझी सो जाते थे, दीपक बुझ जाते थे, हम–तुम परिश्रम से थककर पालों में शरीर लपेटकर एक–दूसरे का मुँह क्यों देखते थे? वह नक्षत्रों की मधुर छाया"

"तो चम्पा! अब उससे भी अच्छे ढंग से हम लोग विचर सकते हैं। तुम मेरी प्राणदात्री हो, मेरी सर्वस्व हो।"

"नहीं–नहीं, तुमने दस्युवृत्ति छोड़ दी परन्तु हृदय वैसा ही अकरुण, सतृष्ण और ज्वलनशील है। तुम भगवान के नाम पर हँसी उड़ाते हो। मेरे आकाश–दीप पर व्यंग कर रहे हो। नाविक! उस प्रचण्ड आँधी में प्रकाश की एक–एक किरण के लिए हम लोग कितने व्याकुल थे।

मुझे स्मरण है, जब मैं छोटी थी, मेरे पिता नौकरी पर समुद्र में जाते थे– मेरी माता, मिट्टी का दीपक बाँस की पिटारी में भागीरथी के तट पर बाँस के साथ ऊँचे टाँग देती थी। उस समय वह प्रार्थना करती– ''भगवान! मेरे पथ–भ्रष्ट नाविक को अन्धकार में ठीक पथ पर ले चलना।'' और जब मेरे पिता बरसों पर लौटते तो कहते–'साध्वी! तेरी प्रार्थना से भगवान् ने संकटों में मेरी रक्षा की है। 'वह गद्‌गद हो जाती। मेरी माँ? आह नाविक! यह उसी की पुण्य–स्मृति है। मेरे पिता, वीर पिता की मृत्यु के निष्ठुर कारण, जलदस्यु! हट जाओ।"–सहसा चम्पा का मुख क्रोध से भीषण होकर रंग बदलने लगा। महानाविक ने कभी यह रूप न देखा था। वह ठठाकर हँस पड़ा।

"यह क्या, चम्पा? तुम अस्वस्थ हो जाओगी, सो रहो।"– कहता हुआ चला गया। चम्पा मुठ्‌ठी बाँधे उन्मादिनी–सी घूमती रही।

5

निर्जन समुद्र के उपकूल में वेला से टकरा कर लहरें बिखर जाती थीं। पश्चिम का पथिक थक गया था। उसका मुख पीला पड़ गया। अपनी शान्त गम्भीर हलचल में जलनिधि विचार में निमग्न था। वह जैसे प्रकाश की उन्मलिन किरणों से विरक्त था।

चम्पा और जया धीरे–धीरे उस तट पर आकर खड़ी हो गईं। तरंग से उठते हुए पवन ने उनके वसन को अस्त–व्यस्त कर दिया। जया के संकेत से एक छोटी–सी नौका आई। दोनों के उस पर बैठते ही नाविक उतर गया। जया नाव खेने लगी। चम्पा मुग्ध–सी समुद्र के उदास वातावरण में अपने को मिश्रित कर देना चाहती थी।

"इतना जल! इतनी शीतलता! हृदय की प्यास न बुझी। पी सकूँगी? नहीं! तो जैसे वेला में चोट खाकर सिन्धु चिल्ला उठता है, उसी के समान

रोदन करूँ? या जलते हुए स्वर्ण–गोलक सदृश अनन्त जल में डूब कर बुझ जाऊँ?"–चम्पा के देखते–देखते पीड़ा और ज्वलन से आरक्त बिम्ब धीरे–धीरे सिन्धु में चौथाई–आधा, फिर सम्पूर्ण विलीन हो गया। एक दीर्घ निश्वास लेकर चम्पा ने मुँह फेर लिया। देखा, तो महानाविक का बजरा उसके पास है। बुधगुप्त ने झुक कर हाथ बढ़ाया। चम्पा उसके सहारे बजरे पर चढ़ गयी। दोनों पास–पास बैठ गये।

"इतनी छोटी नाव पर इधर घूमना ठीक नहीं। पास ही वह जलमग्न शैल खण्ड है। कहीं नाव टकरा जाती या ऊपर चढ़ जाती, चम्पा तो?"

"अच्छा होता, बुधगुप्त! जल में बन्दी होना कठोर प्राचीरों से तो अच्छा है।"

आह चम्पा, तुम कितनी निर्दय हो! बुधगुप्त को आज्ञा देकर देखो तो, वह क्या नहीं कर सकता। जो तुम्हारे लिये नये द्वीप की सृष्टि कर सकता है, नई प्रजा खोज सकता है, नये राज्य बना सकता है, उसकी परीक्षा लेकर देखो तो। कहो, चम्पा! वह कृपाण से अपना हृदय–पिण्ड निकाल अपने हाथों अतल जल में विसर्जन कर दे।"–महानाविक–जिसके नाम से बाली, जावा और चम्पा का आकाश गूँजता था, पवन थर्राता था–घुटनों के बल चम्पा के सामने छलछलाई आँखों से बैठा था।

सामने शैलमाला की चोटी पर हरियाली में विस्तृत जल–देश में, नील पिंगल सन्ध्या, प्रकृति की सहृदय कल्पना, विश्राम की शीतल छाया, स्वप्नलोक का सृजन करने लगी। उस मोहिनी के रहस्यपूर्ण नीलजाल का कुहक स्फुट हो उठा। जैसे मदिरा से सारा अन्तरिक्ष सिक्त हो गया। सृष्टि नील कमलों में भर उठी। उस सौरभ से पागल चम्पा ने बुधगुप्त के दोनों हाथ पकड़ लिये। वहाँ एक आलिंगन हुआ, जैसे क्षितिज में

आकाश और सिन्धु का। किन्तु उस परिरम्भ में सहसा चौतन्य होकर चम्पा ने अपनी कंचुकी से एक कृपाण निकाल लिया।

"बुधगुप्त! आज मैं अपने प्रतिशोध का कृपाण अतल जल में डुबा देती हूँ। हृदय ने छल किया, बार–बार धोखा दिया!"–चमककर वह कृपाण समुद्र का हृदय बेधता हुआ विलीन हो गया।

"तो आज से मैं विश्वास करूँ, क्षमा कर दिया गया?"–आश्चर्यचकित कम्पित कण्ठ से महानाविक ने पूछा।

"विश्वास? कदापि नहीं, बुधगुप्त! जब मैं अपने हृदय पर विश्वास नहीं कर सकी, उसी ने धोखा दिया, तब मैं कैसे कहूँ? मैं तुम्हें घृणा करती हूँ, फिर भी तुम्हारे लिए मर सकती हूँ। अंधेर है जलदस्यु। तुम्हें प्यार करती हूँ।" चम्पा रो पड़ी।

वह स्वप्नों की रंगीन सन्ध्या, तम से अपनी आँखें बन्द करने लगी थी। दीर्घ निश्वास लेकर महानाविक ने कहा–"इस जीवन की पुण्यतम घड़ी की स्मृति में एक प्रकाश–गृह बनाऊँगा, चम्पा! चम्पा यहीं उस पहाड़ी पर। सम्भव है कि मेरे जीवन की धुंधली सन्ध्या उससे आलोकपूर्ण हो जाय।"

## 6

चम्पा के दूसरे भाग में एक मनोरम शैलमाला थी। वह बहुत दूर तक सिन्धु–जल में निमग्न थी। सागर का चञ्चल जल उस पर उछलता हुआ उसे छिपाये था। आज उसी शैलमाला पर चम्पा के आदि–निवासियों का समारोह था। उन सबों ने चम्पा को वनदेवी–सा सजाया था। ताम्रलिप्ति के बहुत से सैनिक नाविकों की श्रेणी में वन–कुसुम–विभूषिता चम्पा शिविकारूढ़ होकर जा रही थी।

शैल के एक उँचे शिखर पर चम्पा के नाविकों को सावधान करने के

लिए सुदृढ़ दीप–स्तम्भ बनवाया गया था। आज उसी का महोत्सव है। बुधगुप्त स्तम्भ के द्वार पर खड़ा था। शिविका से सहायता देकर चम्पा को उसने उतारा। दोनों ने भीतर पदार्पण किया था कि बाँसुरी और ढोल बजने लगे। पंक्तियों में कुसुम–भूषण से सजी वन–बालाएँ फूल उछालती हुई नाचने लगीं।

दीप–स्तम्भ की ऊपरी खिडकी से यह देखती हुई चम्पा ने जया से पूछा–"यह क्या है जया? इतनी बालिकाएँ कहाँ से बटोर लाईं?"

"आज रानी का ब्याह है न?"–कह कर जया ने हँस दिया।

बुधगुप्त विस्तृत जलनिधि की ओर देख रहा था। उसे झकझोर कर चम्पा ने पूछा–"क्या यह सच है?"

"यदि तुम्हारी इच्छा हो, तो यह सच भी हो सकता है, चम्पा! "कितने वर्षों से मैं ज्वालामुखी को अपनी छाती में दबाये हूँ।

"चुप रहो, महानाविक! क्या मुझे निस्सहाय और कंगाल जानकर तुमने आज सब प्रतिशोध लेना चाहा?"

"मैं तुम्हारे पिता का घातक नहीं हूँ, चम्पा! वह एक दूसरे दस्यु के शस्त्र से मरे।"

"यदि मैं इसका विश्वास कर सकती। बुधगुप्त, वह दिन कितना सुन्दर होता, वह क्षण कितना स्पृहणीय! आह! तुम इस निष्ठुरता में भी कितने महान होते।"

जया नीचे चली गई थी। स्तम्भ के संकीर्ण प्रकोष्ठ में बुधगुप्त और चम्पा एकान्त में एक दूसरे के सामने बैठे थे।

बुधगुप्त ने चम्पा के पैर पकड़ लिये। उच्छ्वसित शब्दों में वह कहने लगा–चम्पा, हम लोग जन्मभूमि–भारतवर्ष से कितनी दूर इन निरीह प्राणियों में इन्द्र और शची के समान पूजित हैं। पर न जाने कौन

अभिशाप हम लोगों को अभी तक अलग किये है। स्मरण होता है वह दार्शनिकों का देश! वह महिमा की प्रतिमा! मुझे वह स्मृति नित्य आकर्षित करती है, परन्तु मैं क्यों नहीं जाता? जानती हो, इतना महत्त्व प्राप्त करने पर भी मैं कंगाल हूँ! मेरा पत्थर–सा हृदय एक दिन सहसा तुम्हारे स्पर्श से चन्द्रकान्तमणि की तरह द्रवित हुआ।

"चम्पा! मैं ईश्वर को नहीं मानता, मैं पाप को नहीं मानता, मैं दया को नहीं समझ सकता, मैं उस लोक में विश्वास नहीं करता। पर मुझे अपने हृदय के एक दुर्बल अंश पर श्रद्धा हो चली है। तुम न जाने कैसे एक बहकी हुई तारिका के समान मेरे शून्य में उदित हो गई हो। आलोक की एक कोमल रेखा इस निविड़तम में मुस्कराने लगी। पशु–बल और धन के उपासक के मन में किसी शान्त और एकान्त कामना की हँसी खिलखिलाने लगी, पर मैं न हँस सका!

"चलोगी चम्पा? पोतवाहिनी पर असंख्य धनराशि लाद कर राजरानी–सी जन्मभूमि के अंक में? आज हमारा परिणय हो, कल ही हम लोग भारत के लिए प्रस्थान करें। महानाविक बुधगुप्त की आज्ञा सिन्धु की लहरें मानती हैं। वे स्वयं उस पोत–पुञ्ज को दक्षिण पवन के समान भारत में पहुँचा देंगी। आह चम्पा! चलो।"

चम्पा ने उसके हाथ पकड़ लिये। किसी आकस्मिक झटके ने एक पलभर के लिऐ दोनों के अधरों को मिला दिया। सहसा चौतन्य होकर चम्पा ने कहा–"बुधगुप्त! मेरे लिए सब भूमि मिट्टी है, सब जल तरल है, सब पवन शीतल है। कोई विशेष आकांक्षा हृदय में अग्नि के समान प्रज्वलित नहीं। सब मिलाकर मेरे लिए एक शून्य है। प्रिय नाविक! तुम स्वदेश लौट जाओ, विभवों का सुख भोगने के लिए, और मुझे, छोड़ दो इन निरीह भोले–भाले प्राणियों के दुरूख की सहानुभूति और

सेवा के लिए।"

"तब मैं अवश्य चला जाऊँगा, चम्पा! यहाँ रहकर मैं अपने हृदय पर अधिकार रख सकूँ– इसमें सन्देह है। आह! उन लहरों में मेरा विनाश हो जाय।"– महानाविक के उच्छ्वास में विकलता थी। फिर उसने पूछा–"तुम अकेली यहाँ क्या करोगी?"

"पहले विचार था कि कभी–कभी इस दीप–स्तम्भ पर से आलोक जला कर अपने पिता की समाधि का इस जल से अन्वेषण करूँगी। किन्तु देखती हूँ, मुझे भी इसी में जलना होगा, जैसे आकाश–दीप।"

7

एक दिन स्वर्ण–रहस्य के प्रभात में चम्पा ने अपने दीप–स्तम्भ पर से देखा–सामुद्रिक नावों की एक श्रेणी चम्पा का उपकूल छोड़कर पश्चिम –उत्तर की ओर महा जल–व्याल के समान सन्तरण कर रही है। उसकी आँखों से आँसू बहने लगे।

यह कितनी ही शताब्दियों पहले की कथा है। चम्पा आजीवन उस दीप–स्तम्भ में आलोक जलाती रही। किन्तु उसके बाद भी बहुत दिन, दीपनिवासी, उस माया–ममता और स्नेह–सेवा की देवी की समाधि –सदृश पूजा करते थे।

एक दिन काल के कठोर हाथों ने उसे भी अपनी चंचलता से गिरा दिया।

# चूड़ीवाली

## 1

"अभी तो पहना गई हो।"

"बहूजी, बड़ी अच्छी चूडियाँ हैं। सीधे बम्बई से पारसल मँगाया है। सरकार का हुक्म है, इसलिए नयी चूडियाँ आते ही चली आती हूँ।"

"तो जाओ, सरकार को ही पहनाओ, मैं नहीं पहनती।"

"बहूजी! जरा देख तो लीजिए।" कहती मुस्कराती हुई ढीठ चूड़ीवाली अपना बक्स खोलने लगी। वह पचीस वर्ष की एक गोरी छरहरी स्त्री थी। उसकी कलाई सचमुच चूड़ी पहनाने के लिए ढली थी। पान से लाल पतले–पतले ओठ दो–तीन वक्रताओं में अपना रहस्य छिपाये हुए थे। उन्हें देखने का मन करता, देखने पर उन सलोने अधरों से कुछ बोलवाने का जी चाहता है। बोलने पर हँसाने की इच्छा होती और उसी हँसी में शैशव का अल्हड़पन, यौवन की तरावट और प्रौढ़ की–सी गम्भीरता बिजली के समान लड़ जाती।

बहूजी को उसकी हँसी बहुत बुरी लगती, पर जब पंजों में अच्छी चूड़ी

चढ़ाकर, संकट में फँसाकर वह हँसते हुए कहती–"एक पान मिले बिना यह चूड़ी नहीं चढ़ती।" तब बहूजी को क्रोध के साथ हँसी आ जाती और उसकी तरल हँसी की तरी लेने में तन्मय हो जातीं।

कुछ ही दिनों से यह चूड़ीवाली आने लगी है। कभी–कभी बिना बुलाये ही चली आती और ऐसे ढंग फैलाती कि बिना सरकार के आये निबटारा न होता। यह बहूजी को असह्य हो जाता। आज उसको चूड़ी फँसाते देख बहूजी झल्लाकर बोलीं–"आज–कल दूकान पर ग्राहक कम आते हैं क्या?"

"बहूजी, आज–कल खरीदने की धुन में हूँ, बेचती हूँ कम।" इतना कहकर कई दर्जन चूडियाँ बाहर सजा दीं। स्लीपरों के शब्द सुनाई पड़े। बहूजी ने कपड़े सम्हाले, पर वह ढीठ चूड़ीवाली बालिकाओं के समान सिर टेढ़ा करके "यह जर्मनी की है, यह फराँसीसी है, यह जापानी है" कहती जाती थी। सरकार पीछे खड़े मुस्करा रहे थे।

"क्या रोज नयी चूडियाँ पहनाने के लिए इन्हें हुक्म मिला है?" बहूजी ने गर्व से पूछा।

सरकार ने कहा–"पहनो, तो बुरा क्या है?"

"बुरा तो कुछ नहीं, चूड़ी चढ़ाते हुए कलाई दुखती होगी।" चूड़ीवाली ने सिर नीचा किये कनखियों से देखते हुए कहा! एक लहर–सी लाली आँखों की ओर से कपोलों को तर करती हुई दौड़ जाती थी। सरकार ने देखा, एक लालसा–भरी युवती व्यंग कर रही है। हृदय में हलचल मच गयी, घबराकर बोले–"ऐसा है, तो न पहनें।"

"भगवान करें, रोज पहनें।" चूड़ीवाली आशीर्वाद देने के गम्भीर स्वर में प्रौढ़ा के समान बोली।

"अच्छा, तुम अभी जाओ।" सरकार और चूड़ीवाली दोनों की ओर देखते हुए बहूजी ने झुँझलाकर कहा।
"तो क्या मैं लौट जाऊँ? आप तो कहती थीं न, कि सरकार को ही पहनाओ, तो जरा उनसे पहनने के लिए कह दीजिए"
"निकल मेरे यहाँ से।" कहते हुए बहूजी की आँखे तिलमिला उठीं। सरकार धीरे से निकल गये। अपराधी के समान सर नीचा किये चूड़ीवाली अपनी चूडियाँ बटोरकर उठी। हृदय की धड़कन में अपनी रहस्यपूर्ण निश्वास छोड़ती हुई चली गयी।

2

चूड़ीवाली का नाम था विलासिनी। वह नगर की एक प्रसिद्ध नर्तकी की कन्या थी। उसके रूप और संगीत–कला की सुख्याति थी, वैभव भी कम न था! विलास और प्रमोद का पर्याप्त सम्भार मिलने पर भी उसे सन्तोष न था। हृदय में कोई अभाव खटकता था, वास्तव में उसकी मनोवृत्ति उसके व्यवसाय के प्रतिकूल थी।
कुलवधू बनने की अभिलाषा हृदय में और दाम्पत्य–सुख का स्वर्गीय स्वप्न उसकी आँखों में समाया था। स्वछन्द प्रणय का व्यापार अरुचिकर हो गया। परन्तु समाज उससे हिंस्र पशु के समान सशंक था। उससे आश्रय मिलना असम्भव जानकर विलासिनी ने छल के द्वारा वही सुख लेना चाहा। यह उसकी सरल आवश्यकता थी, क्योंकि अपने व्यवसाय में उसका प्रेम क्रय करने के लिए बहुत–से लोग आते थे, पर विलासिनी अपना हृदय खोल कर किसी से प्रेम न कर सकती थी।
उन्हीं दिनों सरकार के रूप, यौवन और चारित्र्य ने उसे प्रलोभन दिया। नगर के समीप बाबू विजयकृष्ण की, अपनी जमींदारी में बड़ी सुन्दर अट्टालिका थी। वहीं रहते थे। उनके अनुचर और प्रजा उन्हें सरकार

कहकर पुकारती थी। विलासिनी की आँखे विजयकृष्ण पर गड़ गयीं। अपना चिर–संचित मनोरथ पूर्ण करने के लिए वह कुछ दिनों के लिए चूड़ीवाली बन गयी थी।

सरकार चूड़ीवाली को जानते हुए भी अनजान बने रहे। अमीरी का एक कौतुक था, एक खिलवाड़ समझकर उसके आने–जाने में बाधा न देते। विलासिनी के कला–पूर्ण सौन्दर्य ने जो कुछ प्रभाव उनके मन पर डाला था, उसके लिए उनके सुरुचिपूर्ण मन ने अच्छा बहाना खोज लिया था, वे सोचते, 'बहूजी का कुल–वधू–जनोचित सौन्दर्य और वैभव की मर्यादा देखकर चूड़ीवाली स्वयं पराजय स्वीकार कर लेगी और अपना निष्फल प्रयत्न छोड़ देगी, तब तक यह एक अच्छा मनोविनोद चल रहा है!'

चूड़ीवाली अपने कौतूहलपूर्ण कौशल में सफल न हो सकी थी, परन्तु बहूजी के आज के दुर्व्यवहार ने प्रतिक्रिया उत्पन्न कर दी और चोट खाकर उसने सरकार को घायल कर दिया।

3

अब सरकार प्रकाश्य रूप से उसके यहाँ जाने लगे। विलास–रजनी का प्रभात भी चूड़ीवाली के उपवन में कटता। कुल–मर्यादा, लोक–लाज और जमींदारी सब एक ओर और चूड़ीवाली अकेले। दालान में कुर्सियों पर सरकार और चूड़ीवाली बैठकर रात्रि–जागरण का खेद मिटा रहे थे। पास ही अनार का वृक्ष था, उसमें फूल खिले थे। एक बहुत ही छोटी काली चिडिया उन फूलों में चोंच डालकर मकरन्द पान करती और कुछ केसर खाती, फिर हृदयविमोहक कल–नाद करती हुई उड़ जाती। सरकार बड़ी देर से कौतुक देख रहे थे, बोले–"इसे पकड़कर पालतू बनाया जाय, तो कैसा?"

"उहूँ, यह फूलसुंघी है। पींजरे में जी नहीं सकती। उसे फूलों का प्रदेश

ही जिला सकता है, स्वर्ण–पिञ्जर नहीं, उसे खाने के लिए फूलों की केसर का चारा और पीने के लिए मकरन्द–मदिरा कौन जुटायेगा?"

"पर इसकी सुन्दर–बोली संगीत–कला की चरम सीमा है, वीणा में भी कोई–कोई मीड़ ऐसी निकलती होगी। इसे अवश्य पकडना चाहिए।"

"जिसमें बाधा नहीं, बन्धन नहीं, जिसका सौन्दर्य स्वछन्द है, उस असाधारण प्राकृतिक कला का मूल्य क्या बन्धन हैं? कुरुचि के द्वारा वह कलंकित भले ही हो जाय परन्तु पुरस्कृत नहीं हो सकती। उसे आप पिंजरे में बन्द करके पुरस्कार देंगे या दण्ड?" कहते हुए उसने विजय की एक व्यंग–भरी मुस्कान छोड़ी। सरकार की–उस वन–विहंगम को पकड़ने की लालसा बलवती हो उठी। उन्होंने कहा–"जाने भी दो, वह अच्छी कला नहीं जानती।" प्रसंग बदल गया। नित्य का साधारण विनोद–पूर्ण क्रम चला।

## 4

चूड़ीवाली अपने अभ्यास के अनुसार समझती कि यदि बहूजी की अपार प्रणय सम्पत्ति में से कुछ अंश मैं भी लेती हूँ, तो हानि क्या, परन्तु बहूजी को अपने प्रणय के एकाधिपत्य पर पूर्ण विश्वास था। वह निष्क्रिय प्रतिरोध करने लगीं। राजयक्ष्मा के भयानक आक्रमण से वह घुलने लगीं और सरकार वन–विहंगिनी विलासिनी को स्वायत्त करने में दत्तचित्त हुए। रोगी की शुश्रूषा और सेवा में कोई कमी न थी, परन्तु एक बड़े मुकदमे में सरकार का उधर सर्वस्वान्त हुआ, इधर बहूजी चल बसीं। चूड़ीवाली ने समझा कि उसकी पूर्ण विजय हुई, पर बात कुछ दूसरी थी। विजयकृष्ण का वह एक विनोद था। जब सब कुछ चला गया, तब विनोद लेकर क्या होगा। एक दिन चूड़ीवाली से छुट्टी माँगी। उसने कहा–"कमी किस बात की है, मैं तुम्हारी ही हूँ और सब विभव भी तुम्हारा

है।" विजयकृष्ण ने कहा–"मैं वेश्या की दी हुई जीविका से पेट पालने में असमर्थ हूँ।" चूड़ीवाली बिलखने लगी, विनय किया, रोई, गिड़गिड़ाई पर विजयकृष्ण चले ही गये! वह सोचने लगी कि–"अपना व्यवसाय और विजय की गृहस्थी बिगाड़कर जो सुख खरीदा था, उसका कोई मूल्य नहीं। मैं कुलवधू होने के उपयुक्त नहीं। क्या समाज के पास इसका कोई प्रतिकार नहीं? इतनी तपस्या और इतना स्वार्थ–त्याग व्यर्थ है?"

परन्तु विलासिनी यह न जानती थी कि स्त्री और पुरुष–सम्बन्धी समस्त अन्तिम निर्णय करने में समाज कितना ही उदार क्यों न हो, दोनों पक्षों को सर्वथा सन्तुष्ट नहीं कर सका और न कर सकने की आशा है। यह रहस्य सृष्टि को उलझा रखने की कुंजी है।

विलासिनी ने बहुत सोच–समझकर अपनी जीवनचर्या बदल डाली। सरकार से मिली हुई जो कुछ सम्पत्ति थी, उसे बेचकर पास ही के एक गाँव में खेती करने के लिए भूमि लेकर आदर्श हिन्दू गृहस्थ की–सी तपस्या करने में अपना बिखरा हुआ मन उसने लगा दिया। उसके कच्चे मकान के पास एक विशाल वट–वृक्ष और निर्मल जल का सरोवर था। वहीं बैठकर चूड़ीवाली ने पथिकों की सेवा करने का संकल्प किया। थोड़े ही दिनों में अच्छी खेती होने लगी और अन्न से उसका घर भरा रहने लगा। भिखारियों को अन्न देकर उन्हें खिला देने में उसे अक. थनीय सुख मिलता। धीरे–धीरे दिन ढलने लगा, चूड़ीवाली को सहेली बनाने के लिए यौवन का तीसरा पहर करुणा और शान्ति को पकड़ लाया। उस पथ से चलनेवाले पथिकों को दूर से किसी कला–कुशल कण्ठ की तान सुनाई पड़ती–

अब लौं नसानी अब न नसैहौं।

वट–वृक्ष के नीचे एक अनाथ बालक नन्दू को चना और गुड़ की

दूकान चूड़ीवाली ने करा दी है। जिन पथिकों के पास पैसे न होते, उनका मूल्य वह स्वयं देकर नन्दू की दूकान में घाटा न होने देती, और पथिक भी विश्राम किये बिना उस तालाब से न जाता। कुछ ही दिनों में चूड़ीवाली का तालाब विख्यात हो गया।

5

सन्ध्या हो चली थी। पखेरुओं का बसेरे की ओर लौटने का कोलाहल मचा और वट–वृक्ष में चहल–पहल हो गई। चूड़ीवाली चरनी के पास खड़ी बैलों को देख रही थी। दालान में दीपक जल रहा था, अन्धकार उसके घर और मन में बरजोरी घुस रहा था। कोलाहल–शून्य जीवन में भी चूड़ीवाली को शान्ति मिली, ऐसा विश्वास नहीं होता था। पास ही उसकी पिण्डुलियों से सिर रगड़ता हुआ कलुआ दुम हिला रहा था। सुखिया उसके लिए घर में से कुछ खाने को ले आयी थी, पर कलुआ उधर न देखकर अपनी स्वामिनी से स्नेह जता रहा था। चूड़ीवाली ने हँसते हुए कहा–"चल, तेरा दुलार हो चुका। जा, खा ले।" चूड़ीवाली ने मन में सोचा, कंगाल मनुष्य स्नेह के लिए क्यों भीख माँगता हैं? वह स्वयं नहीं करता, नहीं तो तृण–विरूध तथा पशु–पक्षी भी तो स्नेह करने के लिए प्रस्तुत हैं। इतने में नन्दू ने आकर कहा–"माँ, एक बटोही बहुत थका हुआ अभी आया है। भूख के मारे वह जैसे शिथिल हो गया है।"

"तूने क्यों नहीं दे दिया?"

"लेता भी नहीं, कहता है, तू बड़ा गरीब लडका है, तुझसे न लूँगा।"

चूड़ीवाली वट–वृक्ष की ओर चल पड़ी। अँधेरा हो गया था। पथिक जड़ का सहारा लेकर लेटा था। चूड़ीवाली ने हाथ जोड़कर कहा–"महाराज, आप कुछ भोजन कीजिए।"

"तुम कौन हो?"

"पहले की एक वेश्या।"

"छिः, मुझे पड़े रहने दो, मैं नहीं चाहता कि तुम मुझसे बोलो भी, क्योंकि तुम्हारा व्यवसाय कितने ही सुखी घरों को उजाड़कर श्मशान बना देता है।"

"महाराज, हम लोग तो कला के व्यवसायी हैं। यह अपराध कला का मूल्य लगानेवालों की कुरुचि और कुत्सित इच्छा का है। संसार में बहुत–से निर्लज्ज स्वार्थपूर्ण व्यवसाय चलते हैं। फिर इसी पर इतना क्रोध क्यों?"

"क्योंकि वह उन सबों में अधम और निकृष्ट है।"

"परन्तु वेश्या का व्यवसाय करके भी मैंने एक ही व्यक्ति से प्रेम किया था। मैं और धर्म नहीं जानती, पर अपने सरकार से जो कुछ मुझे मिला, उसे मैं लोक–सेवा में लगाती हूँ। मेरे तालाब पर कोई भूखा नहीं रहने पाता। मेरी जीविका चाहे जो रही हो, मेरे अतिथि–धर्म में बाधा न दीजिए।"

पथिक एक बार ही उठकर बैठ गया और आँख गड़ाकर अँधेरे में देखने लगा। सहसा बोल उठा–"चूड़ीवाली?"

"कौन, सरकार?"

"हाँ, तुमने शोक हर लिया। मेरे अपराधजनक तमाम त्याग में पुण्य का भी भाग था, यह मैं नहीं जानता।"

"सरकार! मैंने गृहस्थ–कुलवधू होने के लिए कठोर तपस्या की है। इन चार वर्षों में मुझे विश्वास हो गया है कि कुलवधू होने में जो महत्त्व है, वह सेवा का है, न कि विलास का।"

"सेवा ही नहीं, चूड़ीवाली! उसमें विलास का अनन्त यौवन है, क्योंकि केवल स्त्री–पुरुष के शारीरिक बन्धन में वह पर्यवसित नहीं है, बाह्य

साधनों के विकृत हो जाने तक ही, उसकी सीमा नहीं, गार्हस्थ्य जीवन उसके लिए प्रचुर उपकरण प्रस्तुत करता है, इसलिए वह प्रेय भी है और श्रेय भी है। मुझे विश्वास है कि तुम अब सफल हो जाओगी।"

"मेरी सफलता आपकी कृपा पर है। विश्वास है कि अब इतने निर्दय न होंगे"—कहते—कहते चूड़ीवाली ने सरकार के पैर पकड़ लिये। सरकार ने उसके हाथ पकड़ लिये।

❑❑❑

# छोटा जादूगर

कार्निवल के मैदान में बिजली जगमगा रही थी। हँसी और विनोद का कलनाद गूंज रहा था। मैं खड़ा था उस छोटे फुहारे के पास, जहां एक लड़का चुपचाप शराब पीने वालों को देख रहा था। उसके गले में फटे कुरते के ऊपर से एक मोटी–सी सूत की रस्सी पड़ी थी और जेब में कुछ ताश के पत्ते थे। उसके मुंह पर गंभीर विषाद के साथ धैर्य की रेखा थी। मैं उसकी ओर न जाने क्यों आकर्षित हुआ। उसके अभाव में भी सम्पन्नता थी।

मैंने पूछा, "क्यों जी, तुमने इसमें क्या देखा?"

"मैंने सब देखा है। यहां चूड़ी फेंकते हैं। खिलौनों पर निशाना लगाते हैं। तीर से नम्बर छेदते हैं। मुझे तो खिलौनों पर निशाना लगाना अच्छा मालूम हुआ। जादूगर तो बिलकुल निकम्मा है। उससे अच्छा तो ताश का खेल मैं ही दिखा सकता हूं।" उसने बड़ी प्रगल्भता से कहा। उसकी वाणी में कहीं रूकावट न थी?

मैंने पूछा, "और उस परदे में क्या है? वहां तुम गए थे?"

"नहीं, वहां मैं नहीं जा सका। टिकट लगता है।"

मैंने कहा, "तो चल, मैं वहां पर तुमको लिवा चलूं।" मैंने मन–ही–मन

कहा, "भाई! आज के तुम्हीं मित्र रहे।"

उसने कहा, "वहां जाकर क्या कीजिएगा? चलिए, निशाना लगाया जाए।"

मैंने उससे सहमत होकर कहा, "तो फिर चलो, पहले शरबत पी लिया जाए।" उसने स्वीकार–सूचक सिर हिला दिया।

मनुष्यों की भीड़ से जाड़े की संध्या भी वहाँ गर्म हो रही थी। हम दोनों शरबत पीकर निशाना लगाने चले। राह में ही उससे पूछा, "तुम्हारे घर में और कौन है?"

"मां और बाबूजी।"

"उन्होंने तुमको यहां आने के लिए मना नहीं किया?"

"बाबूजी जेल में हैं।"

"क्यों?"

"देश के लिए।" वह गर्व से बोला।

"और तुम्हारी माँ?"

"वह बीमार है।"

"और तुम तमाशा देख रहे हो?"

उसके मुँह पर तिरस्कार की हँसी फूट पड़ी। उसने कहा, "तमाशा देखने नहीं, दिखाने निकला हूं। कुछ पैसे ले जाऊँगा, तो माँ को पथ्य दूँगा। मुझे शरबत न पिलाकर आपने मेरा खेल देखकर मुझे कुछ दे दिया होता, तो मुझे अधिक प्रसन्नता होती!"

मैं आश्चर्य से उस तेरह–चौदह वर्ष के लड़के को देखने लगा।

"हां, मैं सच कहता हूं बाबूजी! मां जी बीमार हैं, इसीलिए मैं नहीं गया।"

"कहां?"

"जेल में! जब कुछ लोग खेल–तमाशा देखते ही हैं, तो मैं क्यों न

दिखाकर मां की दवा करूं और अपना पेट भरूं।"

मैंने दीर्घ निस्श्वास लिया। चारों ओर बिजली के लट्टू नाच रहे थे। मन व्यग्र हो उठा। मैंने उससे कहा, "अच्छा चलो, निशाना लगाया जाए।" हम दोनों उस जगह पर पहुंचे, जहां खिलौने को गेंद से गिराया जाता था। मैंने बारह टिकट खरीदकर उस लड़के को दिए।

वह निकला पक्का निशानेबाज। उसकी कोई गेंद खाली नहीं गयी। देखनेवाले दंग रह गए। उसने बारह खिलौनों को बटोर लिया, लेकिन उठता कैसे? कुछ मेरी रूमाल में बंधे, कुछ जेब में रख लिए गए।

लड़के ने कहा, "बाबूजी, आपको तमाशा दिखाऊंगा। बाहर आइए, मैं चलता हूं।" वह नौ–दो ग्यारह हो गया। मैंने मन–ही–मन कहा, "इतनी जल्दी आंख बदल गई।"

मैं घूमकर पान की दुकान पर आ गया। पान खाकर बड़ी देर तक इधर–उधर टहलता देखता रहा। झूले के पास लोगों का ऊपर–नीचे आना देखने लगा। अकस्मात् किसी ने ऊपर के हिंडोले से पुकारा, "बाबूजी!"

मैंने पूछा, "कौन?"

"मैं हूँ छोटा जादूगर।"

कलकत्ते के सुरम्य बोटैनिकल– उद्यान में लाल कमलिनी से भरी हुई एक छोटी–सी झील के किनारे घने वृक्षों की छाया में अपनी मण्डली के साथ बैठा हुआ मैं जलपान कर रहा था। बातें हो रही थीं। इतने में वही छोटा जादूगर दिखाई पड़ा। हाथ में चारखाने का खादी का झोला, साफ जाँघिया और आधी बाँहों का कुरता। सिर पर मेरी रूमाल सूत की रस्सी से बँधी हुई थी। मस्तानी चाल में झूमता हुआ आकर वह कहने लगा।

"बाबूजी, नमस्ते! आज कहिए तो खेल दिखाऊँ।"

"नहीं जी, अभी हम लोग जलपान कर रहे हैं।"

"फिर इसके बाद क्या गाना–बजाना होगा, बाबूजी?"

"नहीं जी तुमको," क्रोध से मैं कुछ और कहने जा रहा था। श्रीमतीजी ने कहा, "दिखलाओ जी, तुम तो अच्छे आए। भला, कुछ मन तो बहले।" मैं चुप हो गया, क्योंकि श्रीमतीजी की वाणी में वह माँ की–सी मिठास थी, जिसके सामने किसी भी लड़के को रोका नहीं जा सकता। उसने खेल आरम्भ किया।

उस दिन कार्निवल के सब खिलौने उसके खेल में अपना अभिनय करने लगे। भालू मनाने लगा। बिल्ली रूठने लगी। बन्दर घुड़कने लगा। गुड़िया का ब्याह हुआ। गुड्डा वर काना निकला। लड़के की वाचालता से ही अभिनय हो रहा था। सब हँसते–हँसते लोट–पोट हो गए।

मैं सोच रहा था। बालक को आवश्यकता ने कितना शीघ्र चतुर बना दिया। यही तो संसार है।

ताश के सब पत्ते लाल हो गए। फिर सब काले हो गए। गले की सूत की डोरी टुकड़े–टुकड़े होकर जुट गई। लट्टू अपने से नाच रहे थे। मैंने कहा, ष्अब हो चुका। अपना खेल बटोर लो, हम लोग भी अब जाएँगे।" श्रीमती जी ने धीरे से उसे एक रूपया दे दिया। वह उछल उठा। मैंने कहा,"लड़के!"

"छोटा जादूगर कहिए। यही मेरा नाम है। इसी से मेरी जीविका है।" मैं कुछ बोलना ही चाहता था कि श्रीमतीजी ने कहा, "अच्छा, तुम इस रूपए से क्या करोगे?"

"पहले भरपेट पकौड़ी खाऊँगा। फिर एक सूती कम्बल लूँगा।"

मेरा क्रोध अब लौट आया। मैं अपने पर बहुत क्रुद्ध होकर सोचने लगा,

"ओह! कितना स्वार्थी हूँ मैं। उसके एक रूपया पाने पर मैं ईर्ष्या करने लगा था न!"

वह नमस्कार करके चला गया। हम लोग लता–कुंज देखने के लिए चले।

उस छोटे–से बनावटी जंगल में संध्या साँय–साँय करने लगी थी। अस्ताचलगामी सूर्य की अन्तिम किरण वृक्षों की पत्तियों से विदाई ले रही थी। एक शांत वातावरण था। हम लोग धीरे–धीरे मोटर से हावड़ा की ओर आ रहे थे।

रह–रहकर छोटा जादूगर स्मरण होता था। तभी सचमुच वह एक झोपड़ी के पास कम्बल कंधे पर डाले मिल गया। मैंने मोटर रोककर उससे पूछा, "तुम यहाँ कहाँ?"

"मेरी माँ यहीं है न। अब उसे अस्पताल वालों ने निकाल दिया है।

"मैं उतर गया। उस झोंपड़ी में देखा तो एक स्त्री चिथड़ों से लदी हुई काँप रही थी।

छोटे जादूगर ने कम्बल ऊपर से डालकर उसके शरीर से चिमटते हुए कहा, "माँ।"

मेरी आंखों में आँसू निकल पड़े।

बड़े दिन की छुट्टी बीत चली थी। मुझे अपने आफिस में समय से पहुँचना था। कलकत्ते से मन ऊब गया था। फिर भी चलते–चलते एक बार उस उद्यान को देखने की इच्छा हुई। साथ–ही–साथ जादूगर भी दिखाई पड़ जाता, तो और भी, मैं उस दिन अकेले ही चल पड़ा। जल्द लौट आना था।

दस बज चुके थे। मैंने देखा कि उस निर्मल धूप में सड़क के किनारे एक कपड़े पर छोटे जादूगर का रंगमंच सजा था। मैं मोटर रोककर

उतर पड़ा। वहाँ बिल्ली रूठ रही थी। भालू मनाने चला था। ब्याह की तैयारी थी, यह सब होते हुए भी जादूगर की वाणी में वह प्रसन्नता की तरी नहीं थी। जब वह औरों को हँसाने की चेष्टा कर रहा था, तब जैसे स्वयं काँप जाता था। मानो उसके रोएँ रो रहे थे। मैं आश्चर्य से देख रहा था। खेल हो जाने पर पैसा बटोरकर उसने भीड़ में मुझे देखा। वह जैसे क्षणभर के लिए स्फूर्तिमान हो गया। मैंने उसकी पीठ थपथपाते हुए पूछा, "आज तुम्हारा खेल जमा क्यों नहीं?"

"माँ ने कहा है कि आज तुरंत चले आना। मेरी घड़ी समीप है। "अविचल भाव से उसने कहा।

"तब भी तुम खेल दिखलाने चले आए!" मैंने कुछ क्रोध से कहा। मनुष्य के सुख–दुख का माप अपना ही साधन तो है। उसके अनुपात से वह तुलना करता है।

उसके मुँह पर वही परिचित तिरस्कार की रेखा फूट पड़ी।

उसने कहा, "न क्यों आता?"

और कुछ अधिक कहने में जैसे वह अपमान का अनुभव कर रहा था। क्षण भर में मुझे अपनी भूल मालूम हो गई। उसके झोले को गाड़ी में फेंककर उसे भी बैठाते हुए मैंने कहा, "जल्दी चलो।" मोटर वाला मेरे बताए हुए पथ पर चल पड़ा।

कुछ ही मिनटों में मैं झोंपड़े के पास पहुँचा। जादूगर दौड़कर झोंपड़े में माँ–माँ पुकारते हुए घुसा। मैं भी पीछे था, किन्तु स्त्री के मुँह से, 'बे' निकलकर रह गया। उसके दुर्बल हाथ उठकर गिर गए। जादूगर उससे लिपटा रो रहा था। मैं स्तब्ध था। उस उज्ज्वल धूप में समग्र संसार जैसे जादू–सा मेरे चारों ओर नृत्य करने लगा।

❑❑❑

# आँधी

चंदा के तट पर बहुत–से छतनारे वृक्षों की छाया है, किन्तु मैं प्रायः मुचकुन्द के नीचे ही जाकर टहलता, बैठता और कभी–कभी चाँदनी में ऊँघने भी लगता। वहीं मेरा विश्राम था। वहाँ मेरी एक सहचरी भी थी, किन्तु वह कुछ बोलती न थी। वह रहट्ठों की बनी हुई मूसदानी–सी एक झोपड़ी थी, जिसके नीचे पहले सथिया मुसहरिन का मोटा–सा काला लडका पेट के बल पड़ा रहता था। दोनों कलाइयों पर सिर टेके हुए भगवान् की अनन्त करुणा को प्रणाम करते हुए उसका चित्र आँखों के सामने आ जाता। मैं सथिया को कभी–कभी कुछ दे देता था, पर वह नहीं के बराबर। उसे तो मजूरी करके जीने में सुख था। अन्य मुसहरों की तरह अपराध करने में वह चतुर न थी। उसको मुसहरों की बस्ती से दूर रहने में सुविधा थी, वह मुचकुन्द के फल इकट्ठे करके बेचती, सेमर की रुई बिन लेती, लकड़ी के गट्ठे बटोर कर बेचती पर उसके इन सब व्यापारों में कोई और सहायक न था। एक दिन वह मर ही तो गई। तब भी कलाई पर से सिर उठा कर, करवट बदल कर अँगड़ाई लेते

हुए कलुआ ने केवल एक जँभाई ली थी। मैंने सोचा–स्नेह, माया, ममता इन सबों की भी एक घरेलू पाठशाला है, जिसमें उत्पन्न होकर शिशु धीरे–धीरे इनके अभिनय की शिक्षा पाता है। उसकी अभिव्यक्ति के प्रकार और विशेषता से वह आकर्षक होता है सही, किन्तु, माया–ममता किस प्राणी के हृदय में न होगी! मुसहरों को पता लगा–वे कल्लू को ले गये। तब से इस स्थान की निर्जनता पर गरिमा का एक और रंग चढ़ गया।

मैं अब भी तो वहीं पहुँच जाता हूँ। बहुत घूम–फिर कर भी जैसे मुचकुन्द की छाया की ओर खिंच जाता हूँ। आज के प्रभात में कुछ अधिक सरसता थी। मेरा हृदय हलका–हलका सा हो रहा था। पवन में मादक सुगन्ध और शीतलता थी। ताल पर नाचती हुई लाल–लाल किरनें वृक्षों के अन्तराल से बड़ी सुहावनी लगती थीं। मैं परजाते के सौरभ में अपने सिर को धीरे–धीरे हिलाता हुआ कुछ गुनगुनाता चला जा रहा था। सहसा मुचकुन्द के नीचे मुझे धुँआ और कुछ मनुष्यों की चहल–पहल का अनुमान हुआ। मैं कुतूहल से उसी ओर बढने लगा। वहाँ कभी एक सराय भी थी, अब उसका ध्वंस बच रहा था। दो–एक कोठरियाँ थीं, किन्तु पुरानी प्रथा के अनुसार अब भी वहीं पर पथिक ठहरते।

मैंने देखा कि मुचकुन्द के आस–पास दूर तक एक विचित्र जमावड़ा है। अद्‌भुत शिविरों की पाँति में यहाँ पर कानन–चरों, बिना घरवालों की बस्ती बसी हुई है।

सृष्टि को आरम्भ हुए कितना समय बीत गया, किन्तु इन अभागों को कोई पहाड़ की तलहटी या नदी की घाटी बसाने के लिए प्रस्तुत न हुई और न इन्हें कहीं घर बनाने की सुविधा ही मिली। वे आज भी अपने

चलते–फिरते घरों को जानवरों पर लादे हुए घूमते ही रहते हैं! मैं सोचने लगा–ये सभ्य मानव–समाज के विद्रोही हैं, तो भी इनका एक समाज है। सभ्य संसार के नियमों को कभी न मानकर भी इन लोगों ने अपने लिए नियम बनाये हैं। किसी भी तरह, जिनके पास कुछ है, उनसे ले लेना और स्वतन्त्र होकर रहना। इनके साथ सदैव आज के संसार के लिए विचित्रतापूर्ण संग्रहालय रहता है। ये अच्छे घुड़सवार और भयानक व्यापारी हैं। अच्छा, ये लोग कठोर परिश्रमी और संसार–यात्रा के उपयुक्त प्राणी हैं, फिर इन लोगों ने कहीं बसना, घर बनाना क्यों नहीं पसन्द किया?–मैं मन–ही–मन सोचता हुआ धीरे–धीरे उनके पास होने लगा। कुतूहल ही तो था। आज तक इन लोगों के सम्बन्ध में कितनी ही बातें सुनता आया था। जब निर्जन चंदा का ताल मेरे मनोविनोद की सामग्री हो सकता है, तब आज उसका बसा हुआ तट मुझे क्यों न आकर्षित करता? मैं धीरे–धीरे मुचकुन्द के पास पहुँच गया। एक डाल से बँधा हुआ एक सुन्दर बछेड़ा हरी–हरी दूब खा रहा था और लहँगा–कुरता पहने, रुमाल सिर से बाँधे हुए एक लडकी उसकी पीठ सूखे घास के मट्ठे से मल रही थी। मैं रुक कर देखने लगा। उसने पूछा–घोड़ा लोगे, बाबू?

नहीं–कहते हुए मैं आगे बढ़ा था, कि एक तरुणी ने झोपड़े से सिर निकाल कर देखा। वह बाहर निकल आई। उसने कहा–आप पढ़ना जानते हैं?

हाँ, जानता तो हूँ।

हिन्दुओं की चिट्ठी आप पढ़ लेंगे?

मैं उसके सुन्दर मुख को कला की दृष्टि से देख रहा था। कला की दृष्टि ठीक तो बौद्ध–कला, गान्धार–कला, द्रविड़ों की कला इत्यादि

नाम से भारतीय मूर्ति–सौन्दर्य के अनेक विभाग जो हैं, जिससे गढ़न का अनुमान होता है। मेरे एकान्त जीवन को बिताने की साम्रगी में इस तरह का जड़ सौन्दर्य–बोध भी एक स्थान रखता है। मेरा हृदय सजीव प्रेम से कभी आप्लुत नहीं हुआ था। मैं इस मूक सौन्दर्य से ही कभी–कभी अपना मनोविनोद कर लिया करता। चिट्ठी पढने की बात पूछने पर भी मैं अपने मन में निश्चय कर रहा था, कि यह वास्तविक गान्धार प्रतिमा है, या ग्रीस और भारत का इस सौन्दर्य में समन्वय है।

वह झुँझला कर बोली–क्या नहीं पढ़ सकोगे?

चश्मा नहीं है, मैंने सहसा कह किया। यद्यपि मैं चश्मा नहीं लगाता, तो भी स्त्रियों से बोलने में न जाने क्यों मेरे मन में हिचक होती है। मैं उनसे डरता भी था, क्योंकि सुना था कि वे किसी वस्तु को बेचने के लिए प्रायः इस तरह तंग करती हैं कि उनसे दाम पूछने वाले को लेकर ही छूटना पड़ता है। इसमें उनके पुरुष लोग भी सहायक हो जाते हैं, तब वह बेचारा ग्राहक और भी झंझट में फँस जाता। मेरी सौन्दर्य की अनुभूति विलीन हो गई। मैं अपने दैनिक जीवन के अनुसार टहलने का उपक्रम करने लगा, किन्तु वह सामने अचल प्रतिमा की तरह खड़ी हो गई। मैंने कहा–क्या है?

चश्मा चाहिए? मैं ले आती हूँ।

ठहरो, ठहरो, मुझे चश्मा न चाहिए।

कहकर मैं सोच रहा था कि कहीं मुझे खरीदना न पड़े। उसने पूछा–तब तुम पढ़ सकोगे कैसे?

मैंने देखा कि बिना पढ़े मुझे छुट्टी न मिलेगी। मैंने कहा–ले आओ, देखूँ, सम्भव है कि पढ़ सकूँ– उसने अपनी जेब से एक बुरी तरह मुड़ा हुआ पत्र निकाला। मैं उसे लेकर मन–ही–मन पढ़ने लगा।

लैला, तुमने जो मुझे पत्र लिखा था, उसे पढ़ कर मैं हँसा भी और दुःख तो हुआ ही। हँसा इसलिए कि तुमने दूसरे से अपने मन का ऐसा खुला हुआ हाल क्यों कह दिया। तुम कितनी भोली हो! क्या तुमको ऐसा पत्र दूसरे से लिखवाते हुए हिचक न हुई। तुम्हारा घूमनेवाला परिवार ऐसी बातों को सहन करेगा? क्या इन प्रेम की बातों में तुम गम्भीरता का तनिक भी अनुभव नहीं करती हो? और दुखी इसलिए हुआ कि तुम मुझसे प्रेम करती हो। यह कितनी भयानक बात है। मेरे लिए भी और तुम्हारे लिए भी। तुमने मुझे निमन्त्रित किया है प्रेम के स्वतन्त्र साम्राज्य में घूमने के लिए, किन्तु तुम जानती हो, मुझे जीवन की ठोस झंझटों से छुट्टी नहीं। घर में मेरी स्त्री है, तीन–तीन बच्चे हैं, उन सबों के लिए मुझे खटना पड़ता है, काम करना पड़ता है। यदि वैसा न भी होता, तो भी क्या मैं तुम्हारे जीवन को अपने साथ घसीटने में समर्थ होता? तुम स्वतन्त्र वन–विहंगिनी और मैं एक हिन्दू गृहस्थ, अनेकों रुकावटें, बीसों बन्धन। यह सब असम्भव है। तुम भूल जाओ। जो स्वप्न तुम देख रही हो–उसमें केवल हम और तुम हैं। संसार का आभास नहीं। मैं संसार में एक दिन और जीर्ण सुख लेते हुए जीवन की विभिन्न अवस्थाओं का समन्वय करने का प्रयत्न कर रहा हूँ। न–मालूम कब से मनुष्य इस भयानक सुख का अनुभव कर रहा है। मैं उन मनुष्यों में अपवाद नहीं हूँ, क्योंकि यह सुख भी तुम्हारे स्वतन्त्र सुख की सन्तति है! वह आरम्भ है, यह परिणाम है। फिर भी घर बसाना पड़ेगा। फिर वही समस्याएँ सामने आवेंगी। तब तुम्हारा यह स्वप्न भंग हो जायगा। पृथ्वी ठोस और कंकरीली रह जायगी। फूल हवा में बिखर जायेंगे। आकाश का विराट् मुख समस्त आलोक को पी जायगा। अन्धकार केवल अन्धकार में झुँझलाहट–भरा पश्चाताप, जीवन को अपने डंकों से क्षत–विक्षत कर

देगा। इसलिए लैला! भूल जाओ। तुम चारयारी बेचती हो। उससे सुना है, चोर पकड़े जाते हैं। किन्तु अपने मन का चोर पकडना कहीं अच्छा है। तुम्हारे भीतर जो तुमको चुरा रहा है, उसे निकाल बाहर करो। मैंने तुमसे कहा था कि बहुत–से पुराने सिक्के खरीदूँगा, तुम अबकी बार पश्चिम जाओ तो खोजकर ले आना। मैं उन्हें अच्छे दामों पर ले लूँगा। किन्तु तुमको खरीदना है, अपने को बेचना नहीं, इसलिए मुझसे प्रेम करने की भूल तुम न करो।

हाँ, अब कभी इस तरह पत्र न भेजना क्योंकि वह सब व्यर्थ है।

रामेश्वर मैं एक साँस में पत्र पढ़ गया, तब तक लैला मेरा मुँह देख रही थी। मेरा पढ़ना कुछ ऐसा ही हुआ, जैसे लोग अपने में बर्राते हैं। मैंने उसकी ओर देखते हुए वह कागज उसे लौटा दिया। उसने पूछा–इसका मतलब?

मतलब! वह फिर किसी समय बताऊँगा। अब मुझे जलपान करना है। मैं जाता हूँ। कहकर मैं मुड़ा ही था कि उसने पूछा–आपका घर, बाबू!–मैंने चंदा के किनारे अपने सफेद बँगले को दिखा दिया। लैला पत्र हाथ में लिये वहीं खड़ी रही। मैं अपने बँगले की ओर चला। मन में सोचता जा रहा था। रामेश्वर। वही तो रामेश्वरनाथ वर्मा! क्यूरियो मर्चेण्ट! उसी की लिखावट है। वह तो मेरा परिचित है। मित्र मान लेने में मन को एक तरह की अड़चन है। इसलिए मैं प्रायः अपने कहे जानेवाले मित्रों को भी जब अपने मन में सम्बोधन करता हूँ, तो परिचित ही कहकर! सो भी जब इतना माने बिना काम नहीं चलता। मित्र मान लेने पर मनुष्य उससे शिव के समान आत्म–त्याग, बोधिसत्व के सदृश सर्वस्व–समर्पण की जो आशा करता है और उसकी शक्ति की सीमा को प्रायरू अतिरञ्जित देखता है। वैसी स्थिति में अपने को डालना मुझे

पसन्द नहीं। क्योंकि जीवन का हिसाब–किताब उस काल्पनिक गणित के आधार पर रखने का मेरा अभ्यास नहीं, जिसके द्वारा मनुष्य सबके ऊपर अपना पावना ही निकाल लिया करता है।

अकेले जीवन के नियमित व्यय के लिये साधारण पूँजी का ब्याज मेरे लिए पर्याप्त है। मैं सुखी विचरता हूँ! हाँ, मैं जलपान करके कुर्सी पर बैठा हुआ अपनी डाक देख रहा था। उसमें एक लिफाफा ठीक उन्ही अक्षरों में लिखा हुआ–जिनमें लैला का पत्र था–निकला। मैं उत्सुकता से खोलकर पढने लगा–

भाई श्रीनाथ तुम्हारा समाचार बहुत दिनों से नहीं मिला। तुम्हें यह जानकर प्रसन्नता होगी कि हम लोग दो सप्ताह के भीतर तुम्हारे अतिथि होंगे। चंदा की वायु हम लोगों को खींच रही है। मिन्ना तो तंग कर ही रहा है, उसकी माँ को और भी उत्सुकता है। उन सबों को यही सूझी है, कि दिन भर ताल में डोंगी पर भोजन न करके हवा खायेंगे और पानी पीयेंगे। तुम्हें कष्ट तो न होगा?

तुम्हारा–रामेश्वर

पत्र पढ़ लेने पर जैसे कुतूहल मेरे सामने नाचने लगा। रामेश्वर के परिवार का स्नेह, उनके मधुर झगड़े मान–मनौवल–समझौता और अभाव में भी सन्तोष, कितना सुन्दर! मैं कल्पना करने लगा। रामेश्वर एक सफल कदम्ब है, जिसके ऊपर मालती की लता अपनी सैकड़ों उलझनों से, आनन्द की छाया और आलिंगन का स्नेह–सुरभि ढाल रही है।

रामेश्वर का ब्याह मैंने देखा था। रामेश्वर के हाथ के ऊपर मालती की पीली हथेली, जिसके ऊपर जलधारा पड़ रही थी। सचमुच यह सम्बन्ध कितना शीतल हुआ। उस समय मैं हँस रहा था–बालिका मालती और

किशोर रामेश्वर! हिन्दू–समाज का यह परिहास–यह भीषण मनो–विनोद! तो भी मैंने देखा, कहीं भूचाल नहीं हुआ–कहीं ज्वालामुखी नहीं फूटा। बहिया ने कोई गाँव बहाया नहीं। रामेश्वर और मालती अपने सुख की फसल हर साल काटते हैं। मैंने जो सोचा–अभी–अभी जो विचार मेरे मन में आया, वह न लिखूँगा। मेरी क्षुद्रता जलन के रूप में प्रकट होगी। किन्तु मैं सच कहता हूँ, मुझे रामेश्वर से जलन नहीं, तो भी मेरे उस विचार का मिथ्या अर्थ लोग लगा ही लेंगे। आज–कल मनोविज्ञान का युग है न। प्रत्येक ने मनोवृत्तियों के लिए हृदय को कबूतर का दरबा बना डाला है। इनके लिए सफेद, नीला, सुर्ख का श्रेणी–विभाग कर लिया गया है। उतनी प्रकार की मनोवृत्तियों को गिनकर वर्गीकरण कर लेने का साहस भी होने लगा है।

तो भी मैंने उस बात को सोच ही लिया। मेरे साधारण जीवन में एक लहर उठी। प्रसन्नता की स्निग्ध लहर! पारिवारिक सुखों से लिपटा हुआ, प्रणय–कलह देखूँगा, मेरे दायित्व–विहीन जीवन का वह मनोविनोद होगा। मैं रामेश्वर को पत्र लिखने लगा–

भाई रामेश्वर!

तुम्हारे पत्र ने मुझ पर प्रसन्नता की वर्षा की है। मेरे शून्य जीवन को आनन्द कोलाहल से, कुछ ही दिनों के लिए सही भर देने का तुम्हारा प्रयत्न, मेरे लिए सुख का कारण होगा, तुम अवश्य आओ और सबको साथ लेकर आओ!

तुम्हारा–श्रीनाथ

पुनश्च–

बंबई से आते हुए सूरन अवश्य लेते आना! यहाँ वैसा नहीं मिलता। सूरन की तरकारी की गरमी में ही तुम लोग चंदा की ठंडी हवा झेल

सकोगे और साथ–साथ अपनी चलती–फिरती दूकान का एक बक्स, जिस पर हम लोगों की बातचीत की परम्परा लगी रहे।

–श्रीनाथ दोपहर का भोजन कर लेने के बाद मैं थोड़ी देर अवश्य लेटता हूँ कोई पूछता है, तो कह देता हूँ कि यह निद्रा नहीं भाई, तन्द्रा है, स्वास्थ्य को मैं उसे अपने आराम से चलने देता हूँ! चिकित्सकों से सलाह पूछकर उसमें छेड़–छाड़ करना मुझे ठीक नहीं जँचता। सच बात तो यह है कि मुझे वर्तमान युग की चिकित्सा में वैसा ही विश्वास है, जैसे पाश्चात्य पुरातत्वज्ञों की खोज पर। जैसे वे साँची और अमरावती के स्तम्भ तथा शिल्प के चिह्नों में वस्त्र पहनी हुई मूर्तियों को देखकर, ग्रीक शिल्प–कला का आभास पा जाते हैं और कल्पना कर बैठते हैं कि भारतीय बौद्ध कला ऐसी हो ही नहीं सकती, क्योंकि वे कपड़ा पहनना जानते ही न थे। फिर चाहे आप त्रिपिटक से ही प्रमाण क्यों न दें कि बिना अन्तर्वासक, चीवर इत्यादि के भारत का कोई भी भिक्षु नहीं रहता था, पर वे कब माननेवाले! वैसे ही चिकित्सक के पास सिर में दर्द होने की दवा खोजने गये कि वह पेट से उसका सम्बन्ध जोड़कर कोई रेचक औषधि दे ही देगा। बेचारा कभी न सोचेगा कि कोई गम्भीर विचार करते हुए, जीवन की किसी कठिनाई से टकराते रहने से भी पीड़ा हो सकती है। तो भी मैं हल्की–सी तन्द्रा केवल तबीयत बनाने के लिए ले ही लेता हूँ।

शरद्–काल की उजली धूप ताल के नीले जल पर फैल रही थी। आँखों में चकाचौंधी लग रही थी। मैं कमरे में पड़ा अँगड़ाई ले रहा था। दुलारे ने आकर कहा–ईरानी–नहीं–नहीं बलूची आये हैं। मैंने पूछा–कैसे ईरानी और बलूची?

वही जो मूँगा, फिरोजा, चारयारी बेचते हैं, सिर में रुमाल बाँधे हुए।

मैं उठ खड़ा हुआ, दालान में आकर देखता हूँ, तो एक बीस बरस के युवक के साथ लैला। गले में चमड़े का बेग, पीठ पर चोटी, छींट का रुमाल। एक निराला आकर्षक चित्र! लैला ने हँसकर पूछा–बाबू, चारयारी लोगे?

चारयारी?

हाँ बाबू! चारयारी! इसके रहने से इसके पास सोना, अशर्फी रहेगा। थैली कभी खाली न होगी। और बाबू! इससे चोरी का माल बहुत जल्द पकड़ा जाता है।

साथ ही युवक ने कहा–ले लो बाबू! असली चारयारी, सोने का चारयारी! एक बाबू के लिए लाया था। वह मिला नहीं।

मैं अब तक उन दोनों की सुरमीली आँखों को देख रहा था। सुरमे का घेरा गोरे–गोरे मुँह पर आँख की विस्तृत सत्ता का स्वतन्त्र साक्षी था। पतली लम्बी गर्दन पर खिलौने–सा मुँह टपाटप बोल रहा था! मैंनें कहा–मुझे तो चारयारी नहीं चाहिए।

किन्तु वहाँ सुनता कौन है, दोनों सीढ़ी पर बैठ गये थे और लैला अपना बेग खोल रही थी। कई पोटलियाँ निकलीं, सहसा लैला के मुँह का रंग उड़ गया। वह घबराकर कुछ अपनी भाषा में कहने लगी। युवक उठ खड़ा हुआ। मैं कुछ न समझ सका। वह चला गया। अब लैला ने मुस्कराते हुए, बेग में से वही पत्र निकाला। मैंने कहा–इसे तो मैं पढ़ चुका हूँ।

इसका मतलब!

वह तुम्हारी चारयारी खरीदने फिर आवेगा। यही इसमें लिखा है–मैंने कहा।

बस! इतना ही?

और भी कुछ है।

क्या बाबू?

और जो उसने लिखा है, वह मैं नहीं कह सकता–

क्यों बाबू? क्यों न कह सकोगे? बोलो।

लैला की वाणी में पुचकार, दुलार, झिड़की और आज्ञा थी।

यह सब बात मैं नहीं

बीच में ही बात काटकर उसने कहा–नहीं क्यों? तुम जानते हो, नहीं बोलोगे?

उसने लिखा है, मैं तुमको प्यार करता हूँ।

लिखा है, बाबू!–लैला की आँखों में स्वर्ग हँसने लगा! वह फुरती से पत्र मोड़कर रखती हुई हँसने लगी। मैंने अपने मन में कहा–अब यह पूछेगी, वह कब आवेगा? कहाँ मिलेगा?–किन्तु लैला ने यह सब कुछ नहीं पूछा। वह सीढ़ियों पर अर्द्ध–शयनावस्था में जैसे कोई सुन्दर सपना देखती हुई मुस्करा रही थी। युवक दौड़ता हुआ आया, उसने अपनी भाषा में कुछ घबरा कर कहा पर लैला लेटे–ही–लेटे कुछ बोली। युवक भी बैठ गया। लैला ने मेरी ओर देखकर कहा–तो बाबू! वह आवेगा। मेरी चारयारी खरीदेगा। गुल से भी कह दो। मैंने समझ लिया कि युवक का नाम गुल है। मैंने कहा–हाँ, वह तुम्हारी चारयारी खरीदने आवेंगे। गुल ने लैला की ओर प्रसन्न दृष्टि से देखा।

परन्तु मैं, जैसे भयभीत हो गया। अपने ऊपर सन्देह होने लगा। लैला सुन्दरी थी, पर उसके भीतर भयानक राक्षस की आकृति थी या देवमूर्ति! यह बिना जाने मैंने क्या कह दिया! इसका परिणाम भीषण भी हो सकता है। मैं सोचने लगा। रामेश्वर को मित्र तो मानता नहीं, किन्तु मुझे उससे शत्रुता करने का क्या अधिकार है?

चंदा के दक्षिणी तट पर ठीक मेरे बँगले के सामने एक पाठशाला थी। उसमें एक सिंहली सज्जन रहते थे। न जाने कहाँ–कहाँ से उनको चंदा मिलता था। वे पास–पड़ोस के लडकों को बुलाकर पढ़ाने के लिए बिठाते थे। दो मास्टरों को वेतन देते थे। उनका विश्वास था कि चंदा का तट किसी दिन तथागत के पवित्र चरण–चिह्न से अंकित हुआ था, वे आज भी उन्हें खोजते थे। बड़े शान्त प्रकृति के जीव थे। उनका श्यामल शरीर, कुंचित केश, तीक्ष्ण दृष्टि, सिंहली विशेषता से पूर्ण विनय, मधुर वाणी और कुछ–कुछ मोटे अधरों में चौबीसों घण्टे बसने वाली हँसी आकर्षण से भरी थी। मैं कभी–कभी जब जीभ में खुजलाहट होती, वहाँ पहुँच जाता। आज की वह घटना मेरे गम्भीर विचार का विषय बनकर मुझे व्यस्त कर रही थी। मैं अपनी डोंगी पर बैठ गया। दिन अभी घण्टे–डेढ़–घण्टे बाकी था। उस पार खेकर डोंगी ले जाते बहुत देर नहीं हुई। मैं पाठशाला और ताल के बीच के उद्यान को देख रहा था। खजूर और नारियल के ऊँचे–ऊँचे वृक्षों को जिसमें निराली छटा थी। एक नया पीपल अपने चिकने पत्तों की हरियाली में झूम रहा था। उसके नीचे शिला पर प्रज्ञासारथि बैठे थे। नाव को अटकाकर मैं उनके समीप पहुँचा। अस्त होनेवाले सूर्य–बिम्ब की रँगीली किरणें उनके प्रशान्त मुखमण्डल पर पड़ रही थीं। दो ढाई हजार वर्ष पहले का चित्र दिखाई पड़ा, जब भारत की पवित्रता हजारों कोस से लोगों को वासना–दमन करना सीखने के लिए आमन्त्रित करती थी। आज भी आध्यात्मिक रहस्यों के उस देश में उस महती साधना का आशीर्वाद बचा है। अभी भी बोध–वृक्ष पनपते हैं! जीवन की जटिल आवश्यकता को त्याग कर जब काषाय पहने सन्ध्या के सूर्य के रंग में रंग मिलाते हुए ध्यान–स्तिमित–लोचन मूर्तियाँ अभी देखने में आती हैं

तब जैसे मुझे अपनी सत्ता का विश्वास होता है, और भारत की अपूर्वता का अनुभव होता है। अपनी सत्ता का इसलिए कि मैं भी त्याग का अभिनय करता हूँ न! और भारत के लिए तो मुझे पूर्ण विश्वास है कि इसकी विजय धर्म में हैं।

अधरों में कुंचित हँसी, आँखों में प्रकाश भरे प्रज्ञासारथि ने मुझे देखते हुए कहा–आज मेरी इच्छा थी कि आपसे भेंट हो।

मैंने हँसते हुए कहा–अच्छा हुआ कि मैं प्रत्यक्ष ही आ गया। नहीं तो ध्यान में बाधा पड़ती।

श्रीनाथजी! मेरे ध्यान में आपके आने की सम्भावना न थी। तो भी आज एक विषय पर आपकी सम्मति की आवश्यकता है।

मैं भी कुछ कहने के लिए ही यहाँ आया हूँ। पहले मैं कहूँ कि आप ही आरम्भ करेंगे?

सथिया के लड़के कल्लू के सम्बन्ध में तो आपको कुछ नहीं कहना है? मेरे बहुत कहने पर मुसहरों ने उसे पढ़ने के लिए मेरी पाठशाला में रख दिया है और उसके पालन के भार से अपने को मुक्त कर लिया। अब वह सात बरस का हो गया है। अच्छी तरह खाता–पीता है। साफ–सुथरा रहता है। कुछ–कुछ पढ़ता भी है!–प्रज्ञासारथि ने कहा।

चलिए, अच्छा हुआ! एक रास्ते पर लग गया। फिर जैसा उसके भाग्य में हो। मेरा मन इन घरेलू बन्धनों में पड़ने के लिए विरक्त–सा है, फिर भी न जाने क्यों कल्लू का ध्यान आ ही जाता है–मैंने कहा।

तब तो अच्छी बात है, आप इस कृत्रिम विरक्ति से ऊब चले हैं, तो कुछ काम करने लगिए। मैं भी घर जाना चाहता हूँ, न हो तो पाठशाला ही चलाइए–कहते हुए प्रज्ञासारथि ने मेरी ओर गम्भीरता से देखा।

मेरे मन में हलचल हुई। मैं एक बकवादी मनुष्य! किसी विषय पर गम्भीरता

का अभिनय करके थोड़ी देर तक सफल वाद–विवाद चला देना और फिर विश्वास करना, इतना ही तो मेरा अभ्यास था। काम करना, किसी दायित्व को सिर पर लेना असम्भव! मैं चुप रहा। वह मेरा मुँह देख रहे थे। मैं चतुरता से निकल जाना चाहता था। यदि मैं थोड़ी देर और उसी तरह सन्नाटा रखता, तो मुझे हाँ या नहीं कहना ही पड़ता। मैंने विवाह वाला चुटकुला छेड़ ही तो दिया।

आप तो विरक्त भिक्षु हैं। अब घर जाने की आवश्यकता कैसे आ पड़ी?

भिक्षु! आश्चर्य से प्रज्ञासारथि ने कहा–मैं तो ब्रह्मचर्य में हूँ। विद्याभ्यास और धर्म का अनुशीलन कर रहा हूँ। यदि मैं चाहूँ तो प्रव्रज्या ले सकता हूँ, नहीं तो गृही बनने में कोई धार्मिक आपत्ति नहीं। सिंहल में तो यही प्रथा प्रचलित है। मेरे विचार से यह प्राचीन आर्य–प्रथा भी थी! मैं गार्हस्थ्य–जीवन से परिचित होना चाहता हूँ।

तो आप ब्याह करेंगे?

क्यों नहीं, वही करने तो जा रहा हूँ।

देखता हूँ, स्त्रियों पर आपको पूर्ण विश्वास है।

अविश्वास करने का कारण ही क्या है? इतिहास में, आख्यायिकाओं में कुछ स्त्रियों और पुरुषों का दुष्ट चरित्र पढ़कर मुझे अपने और अपनी भावी सहधर्मिणी पर अविश्वास कर लेने का कोई अधिकार नहीं? प्रत्येक व्यक्ति को अपनी परीक्षा देनी चाहिए।

विवाहित जीवन! सुखदायक होगा?–मैंने पूछा।

किसी कर्म को करने के पहले उसमें सुख की ही खोज करना क्या अत्यन्त आवश्यक है? सुख तो धर्माचरण से मिलता है। अन्यथा संसार तो दुखमय है ही! संसार के कर्मों को धार्मिकता के साथ करने में सुख की ही सम्भावना है।

किन्तु ब्याह–जैसे कर्म से तो सीधा–सीधा स्त्री से सम्बन्ध है। स्त्री! कितनी विचित्र पहेली है। इसे जानना सहज नहीं। बिना जाने ही उससे अपना सम्बन्ध जोड़ लेना, कितनी बड़ी भूल है, ब्रह्मचारीजी!–मैंने हँस कर कहा।

भाई, तुम बड़े चतुर हो। खूब सोच–समझकर, परखकर तब सम्बन्ध जोडना चाहते हो न, किन्तु मेरी समझ में सम्बन्ध हुए बिना परखने का दूसरा उपाय नहीं। प्रज्ञासारथि ने गम्भीरता से कहा। मैं चुप होकर सोचने लगा। अभी–अभी जो मैंने एक काण्ड का बीजारोपण किया है, वह क्या लैला के स्वभाव से परिचित होकर! मैं अपनी मूर्खता पर मन–ही–मन तिलमिला उठा। मैंने कल्पना से देखा, लैला प्रतिहिंसा भरी एक भयानक राक्षसी है, यदि वह अपने जाति–स्वभाव के अनुसार रामेश्वर के साथ बदला लेने की प्रतिज्ञा कर बैठे, तब क्या होगा?

प्रज्ञासारथि ने फिर कहा–मेरा जाना तो निश्चित है। ताम्रपर्णी की तरंग–मालाएँ मुझे बुला रही हैं! मेरी एक प्रार्थना है। आप कभी–कभी आकर इसका निरीक्षण कर लिया कीजिए।

मुझे एक बहाना मिला, मैंने कहा–मैंने बैठे–बिठाये एक झंझट बुला ली है। मैं देखता हूँ कि कुछ दिनों तक तो मुझे उसमें फँसना ही पड़ेगा।

प्रज्ञासारथि ने पूछा–वह क्या?

मैंने लैला का पत्र पढ़ना और उसके बाद का सब वृतान्त कह सुनाया। प्रज्ञासारथि चुप रहे, फिर उन्होंने कहा–आपने इस काम को खूब सोच–समझ कर करने की आवश्यकता पर तो ध्यान न दिया होगा, क्योंकि इसका फल दूसरे को भोगने की सम्भावना है न!

मुझे प्रज्ञासारथि का यह व्यंग अच्छा न लगा। मैंने कहा–सम्भव है कि मुझे भी कुछ भोगना पड़े।

भाई मैं देखता हूँ, संसार में बहुत–से ऐसे काम मनुष्य को करने पड़ते हैं, जिन्हें वह स्वप्न में भी नहीं सोचता। अकस्मात् वे प्रसंग सामने आकर गुर्राने लगते हैं, जिनसे भाग कर जान बचाना ही उसका अभीष्ट होता है। मैं भी इसी तरह ब्याह करने के लिए सिंहल जा रहा हूँ।

अन्धकार को भेद कर शरद् का चन्द्रमा नारियल और खजूर के वृक्षों पर दिखाई देने लगा था। चंदा का ताल लहरियों में प्रसन्न था। मैं क्षण भर के लिए प्रकृति की उस सुन्दर चित्रपटी को तन्मय होकर देखने लगा। कलुआ ने जब प्रज्ञासारथि को भोजन करने की सूचना दी, मुझे स्मरण हुआ कि मुझे उस पार जाना है। मैंने दूसरे दिन आने को कह कर प्रज्ञासारथि से छुट्टी माँगी।

डोंगी पर बैठकर मैं धीरे–धीरे डाँड़ चलाने लगा।

मैं अनमना–सा डाँड़ चलाता हुआ कभी चन्द्रमा को और कभी चंदा ताल को देखता। नाव सरल आन्दोलन में तिर रही थी। बार–बार सिंहली प्रज्ञासारथि की बात सोचता जाता था। मैंने घूमकर देखा, तो कुंज से घिरा हुआ पाठशाला का भवन चंदा के शुभ्रजल में प्रतिबिम्बित हो रहा था! चंदा का वह तट समुद्र–उपकूल का एक खण्ड–चित्र था। मन–ही–मन सोचने लगा–मैं करता ही क्या हूँ, यदि मैं पाठशाला का ही निरीक्षण करूँ, तो हानि क्या? मन भी लगेगा और समय भी कटेगा। –अब मैं दूर चला आया था। सामने मुचकुन्द वृक्ष की नील आकृति दिखलाई पड़ी। मुझे लैला का फिर स्मरण आ गया। कितनी सरल, स्वतन्त्र और साहसिकता से भरी हुई रमणी है। सुरमीली आँखों में कितना नशा है और अपने मादक उपकरणों से भी रामेश्वर को अपनी ओर आकर्षित करने में वह असमर्थ है। रामेश्वर पर मुझे क्रोध आया और लैला को फिर अपने विचारों से उलझते देख कर झुँझला

उठा। अब किनारा समीप हो चला था। मैं मुचकुन्द की ओर से नाव घुमाने को था कि मुझे उस प्रशान्त जल में दो शिर तैरते हुए दिखाई पड़े। शरद्–काल की शीतल रजनी में उन तैरनेवालों पर मुझे आश्चर्य हुआ। मैंने डाँड़ चलाना बन्द कर दिया। दोनों तैरनेवाले डोंगी के पास आ चले थे। मैंने चन्द्रिका के आलोक में पहचान लिया, वह लैला का सुन्दर मुख था। कुमदिनी की तरह प्रफुल्ल चाँदनी में हँसता हुआ लैला का मुख! मैंने पुकारा–लैला! वह बोलने ही को थी कि उसके साथवाला मुख गुर्रा उठा। मैंने समझा कि उसका साथी गुल होगा, किन्तु लैला ने कहा–चुप, बाबूजी हैं। अब मैंने पहचाना–वह एक भयानक ताजी कुत्ता है, जो लैला के साथ तैर रहा था। लैला ने कहा–बाबूजी, आप कहाँ? मेरी डोंगी के एक ओर लैला का हाथ था और दूसरी ओर कुत्ते के दोनों अगले पँजे। मैंने कहा–यों ही घूमने आया था और तुम रात को तैरती हो? लैला।

दिनभर काम करने के बाद अब तो छुट्टी मिली है, बदन ठण्डा कर रही हूँ–लैला ने कहा।

वह एक अद्‌भुत दृश्य था। इतने दिनों तक मैं जीवन के अकेले दिनों को काट चुका हूँ। अनेक अवसर विचित्र घटनाओं से पूर्ण और मनोरञ्जक मिले हैं, किन्तु ऐसा दृश्य तो मैंने कभी न देखा। मैंने पूछा–आज की रात तो बहुत ठण्डी है, लैला!

उसने कहा–नहीं, बड़ी गर्म।

दोनों ने अपनी रुकावट हटा ली। डोंगी चलने को स्वतन्त्र थी। लैला और उसका साथी दोनों तैरने लगे। मैं फिर अपने बँगले की ओर डोंगी खेने लगा। किनारे पर पहुँच कर देखता हूँ कि दुलारे खड़ा है। मैंने पूछा–क्यों रे! तू कब से यहाँ है?

उसने कहा–आपको आने में देर हुई, इसलिए मैं आया हूँ। रसोई ठण्डी हो रही है।

मैं डोंगी से उतर पड़ा और बँगले की ओर चला। मेरे मन में न जाने क्यों सन्देह हो रहा था कि दुलारे जान–बूझकर परखने आया था। लैला से बातचीत करते हुए उसने मुझे अवश्य देखा है। तो क्या वह मुझ पर कुछ सन्देह करता है? मेरा मन दुलारे को सन्देह करने का अवसर देकर जैसे कुछ प्रसन्न ही हुआ। बँगले पर पहुँचकर मैं भोजन करने बैठ गया। स्वभाव के अनुसार शरीर तो अपना नियमित सब करता ही रहा, किन्तु सो जाने पर भी वही सपना देखता रहा।

आज बहुत विलम्ब से सोकर उठा। आलस से कहीं घूमने–फिरने की इच्छा न थी। मैंने अपनी कोठरी में ही आसन जमाया। मेरी आँखों में वह रात्रि का दृश्य अभी घूम रहा था। मैंने लाख चेष्टा की किन्तु लैला और वह सिंहली भिक्षु दोनों ही ने मेरे हृदय को अखाड़ा बना लिया था। मैंने विरक्त होकर विचार–परम्परा को तोड़ने के लिये बाँसुरी बजाना आरम्भ किया। आसावरी के गम्भीर विलम्बित आलापों में फिर भी लैला की प्रेमपूर्ण आकृति जैसे बनने लगती। मैंने बाँसुरी बजाना बन्द किया और ठीक विश्रामकाल में ही मैंने देखा कि प्रज्ञासारथि सामने खड़े हैं। मैंने उन्हें बैठाते हुए पूछा–आज आप इधर कैसे भूल पड़े?

यह प्रश्न मेरी विचार–विशृंखलता के कारण हुआ था, क्योंकि वे तो प्रायः मेरे यहाँ आया ही करते थे। उन्होंने हँस कर कहा–मेरा आना भूलकर नहीं, किन्तु कारण से हुआ है। कहिये, आपने उस विषय में कुछ स्थिर किया?

मैंने अनजान बनकर पूछा–किस विषय में?

प्रज्ञासारथि ने कहा–वही पाठशाला की देख–रेख करने के लिए, जैसा

मैंने उस दिन आपसे कहा था।

मैंने बात उड़ाने के ढंग से कहा—आप तो सोच—विचारकर काम करने में विश्वास ही नहीं रखते। आपका तो यही कहना है न कि मनुष्य प्रायः अनिच्छावश बहुत—से काम करने के लिए बाध्य होता है, तो फिर मुझे उस पर सोचने—विचारने की क्या आवश्यकता थी? जब वैसा अवसर आवेगा, तब देखा जायगा।

कृपया मेरी बातों का मनोनुकूल अर्थ न लगाइए। यह तो मैं मानता हूँ कि आप अपने ढंग से विचार करने के लिए स्वतन्त्र हैं, किन्तु उन्हें क्रियात्मक रूप देने के समय आपकी स्वतन्त्रता में मेरा विश्वास संदिग्ध हो जाता है। प्रायरू देखा जाता है, हम लोग क्या करने जाकर क्या कर बैठते हैं, तो भी हम उसकी जिम्मेदारी से छूटते नहीं। मान लीजिए कि लैला के हृदय में एक दुराशा उत्पन्न करके आपने रामेश्वर के जीवन में अड़चन डाल दी है। सम्भव है, यह घटना साधारण न रह कर कोई भीषण काण्ड उपस्थित कर सकती है और आपका मित्र अपने अनिष्ट करनेवाले को न भी पहचान सके, तो क्या आप अपने ही मन के सामने इसके लिए अपराधी न ठहरेंगे?

प्रज्ञासारथि की ये बातें मुझे बेढंगी—सी जान पड़ीं क्योंकि उस समय मुझे उनका आना और मुझे उपदेश देने का ढोंग रचना असह्य होने लगा। मेरी इच्छा होती थी कि वे किसी तरह भी यहाँ से चले जाते, तो भी मुझे उन्हें उत्तर देने के लिए इतना तो कहना ही पड़ा कि—आप कच्चे अदृष्टवादी हैं। आपके जैसा विचार रखने पर मैं तो इसे इस तरह सुलझाऊँगा कि अपराध करने में और दण्ड देने में मनुष्य एक दूसरे का सहायक होता है। हम आज जो किसी को हानि पहुँचाते हैं, या कष्ट देते हैं, वह इतने ही के लिए नहीं कि उसने मेरी कोई बुराई की है। हो

सकता है कि मैं उसके किसी अपराध का यह दण्ड समाज–व्यवस्था के किसी मौलिक नियम के अनुसार दे रहा हूँ। फिर चाहे मेरा यह दण्ड देना भी अपराध बन जाय और उसका फल भी मुझे भोगना पड़े। मेरे इस कहने पर प्रज्ञासारथि ने हँस दिया और कहा–श्रीनाथजी, मैं आपकी दण्ड–व्यवस्था ही तो करने आया हूँ। आप अपने बेकार जीवन को मेरी बेगार में लगा दीजिए। मैंने पिण्ड छुड़ाने के लिए कहा– अच्छा, तीन दिन सोचने का अवसर दीजिए।

प्रज्ञासारथि चले गये और मैं चुपचाप सोचने लगा। मेरे स्वतन्त्र जीवन में माँ के मर जाने के बाद यह दूसरी उलझन थी। निश्चिन्त जीवन की कल्पना का अनुभव मैंने इतने दिनों तक कर लिया था। मैंने देखा कि मेरे निराश जीवन में उल्लास का छींटा भी नहीं। यह ज्ञान मेरे हृदय को और और भी स्पर्श करने लगा। मैं जितना ही विचारता था, उतना ही मुझे निश्चिन्तता और निराशा का अभेद दिखलाई पड़ता था। मेरे आलसी जीवन में सक्रियता की प्रतिध्वनि होने लगी। तो भी काम न करने का स्वभाव मेरे विचारों के बीच में जैसे व्यंग्य से मुस्करा देता था। तीन दिनों तक मैंने सोचा और विचार किया। अन्त में प्रज्ञासारथि की विजय हुई क्योंकि मेरी दृष्टि में प्रज्ञासारथि का काम नाम के लिए तो अवश्य था, किन्तु करने में कुछ भी नहीं के बराबर।

मैंने अपना हृदय दृढ़ किया और प्रज्ञासारथि से जाकर कह दिया कि– मैं पाठशाला का निरीक्षण करूँगा, किन्तु मेरे मित्र आनेवाले हैं और जब तक यहाँ रहेंगे, तब तक तो मैं अपना बँगला न छोड़ूँगा क्योंकि यहाँ उन लोगों के आने से आपको असुविधा होगी। फिर जब वे लोग चले जायेंगे, तब मैं यहीं आकर रहने लगूँगा।

मेरे सिंघली मित्र ने हँस कर कहा–अभी तो एक महीने यहाँ मैं अवश्य

रहूँगा। यदि आप अभी से यहाँ चले आवें तो, बड़ा अच्छा हो, क्योंकि मेरे रहते यहाँ का सब प्रबन्ध आपकी समझ में आ जायगा। रह गई मेरी असुविधा की बात, सो तो केवल आपकी कल्पना है। मैं आपके मित्रों को यहाँ देखकर प्रसन्न ही होऊँगा। जगह की कमी भी नहीं।

मैं 'अच्छा' कह कर उनसे छुट्टी लेने के लिए उठ खड़ा हुआ, किन्तु प्रज्ञासारथि ने मुझे फिर से बैठाते हुए कहा–देखिए श्रीनाथजी, यह पाठशाला का भवन पूर्णतः आपके अधिकार में रहेगा। भिक्षुओं के रहने के लिए तो संघाराम का भाग अलग है ही और उसमें जो कमरे अभी अधूरे हैं, उन्हें शीघ्र ही पूरा कराकर तब मैं जाऊँगा और अपने संघ से मैं इसकी पक्की लिखा–पढ़ी कर रहा हूँ कि आप पाठशाला के आजीवन अवैतनिक प्रधानाध्यक्ष रहेंगे और उसमें किसी को हस्तक्षेप करने का अधिकार न होगा।

मैं उस युवक बौद्ध मिशनरी की युक्तिपूर्ण व्यावहारिकता देख कर मन–ही–मन चकित हो रहा था। एक क्षण भर के लिए उस सिंहली की व्यवहार–कुशल बुद्धि से मैं भीतर–ही–भीतर ऊब उठा। मेरी इच्छा हुई कि मैं स्पष्ट अस्वीकार कर दूँ, किन्तु न जाने क्यों मैं वैसा न कर सका। मैंने कहा–तो आपको मुझमें इतना विश्वास है कि मैं आजीवन आपकी पाठशाला चलाता रहूँगा!

प्रज्ञासारथि ने कहा–शक्ति की परीक्षा दूसरों ही पर होती है, यदि मुझे आपकी शक्ति का अनुभव हो, तो कुछ आश्चर्य की बात नहीं। और आप तो जानते ही हैं कि धार्मिक मनुष्य विश्वासी होता है। सूक्ष्म रूप से जो कल्याण–ज्योति मानवता में अन्तर्निहित है, मैं तो उसमें अधिक–से–अधिक श्रद्धा करता हूँ। विपथगामी होने पर वही सन्त हो करके मनुष्य का अनुशासन करती है, यदि उसकी पशुता ही प्रबल न हो गई हो, तो।

मैंने प्रज्ञासारथि की आँखों से आँख मिलाते हुए देखा, उसमें तीव्र संयम की ज्योति चमक रही थी, मैं प्रतिवाद न कर सका, और यह कहते हुए खड़ा हुआ कि– अच्छा, जैसा आप कहते हैं वैसा ही होगा!

मैं धीरे–धीरे बँगले की ओर लौट रहा था। रास्ते में अचानक देखता हूँ कि दुलारे दौड़ा हुआ चला आ रहा है। मैंने पूछा–क्या है रे?

उसने कहा–बाबूजी, घोड़ागाड़ी पर बहुत–से आदमी आये हैं। वे लोग आपको पूछ रहे हैं।

मैंने समझ लिया कि रामेश्वर आ गया। दुलारे से कहा कि–तू दौड़ जा, मैं यहीं खड़ा हूँ। उन लोगों को सामान–सहित यहीं लिवा ला!

दुलारे तो बँगले की ओर भागा, किन्तु मैं उसी जगह अविचल भाव से खड़ा रहा। मन में विचारों की आँधी उठने लगी, रामेश्वर तो आ गया और वे ईरानी भी यहीं हैं। ओह, मैंने कैसी मूर्खता की! तो मेरे मन को जैसे ढाढ़स हुआ कि रामेश्वर मेरे बँगले में नहीं ठहरता है। इस बौद्ध पाठशाला तक लैला क्यों आने लगी? जैसे लैला को वहाँ आने में कोई दैवी बाधा हो। फिर मेरा सिर चकराने लगा। मैंने कल्पना की आँखों से देखा कि लैला अबाधगति से चलने वाली एक निर्झरणी है। पश्चिम की सर्राटे से भरी हुई वायुतरंग–माला है। उसको रोकने की किसमें सामर्थ्य है, और फिर अकेले रामेश्वर ही तो नहीं, उसकी स्त्री भी उसके साथ है। अपनी मूर्खतापूर्ण करनी से मेरा ही दम घुटने लगा। मैं खड़ा–खड़ा झील की ओर देख रहा था। उसमें छोटी–छोटी लहरियाँ उठ रही थीं, जिनमें सूर्य की किरणें प्रतिबिम्बित होकर आँखों को चौंधिया देती थीं। मैंने आँखे बन्द कर लीं। अब मैं कुछ नहीं सोचता था। गाड़ी की घरघराहट ने मुझे सजग किया। मैंने देखा कि रामेश्वर गाड़ी का पल्ला खोलकर वहीं सड़क में उतर रहा है।

मैं उससे गले मिल शीघ्रता से कहने लगा–गाड़ी पर बैठ जाओ। मैं भी चलता हूँ। यहीं पास ही चलना है। –उसने गाड़ीवान से चलने के लिए कहा। हम दोनों साथ–साथ पैदल ही चले। पाठशाला के समीप प्रज्ञासारथि अपनी रहस्यपूर्ण मुस्कराहट के साथ अगवानी करने के लिए खड़े थे।

दो दिनों में हम लोग अच्छी तरह रहने लगे। घर का कोना–कोना आवश्यक चीजों से भर गया। प्रज्ञासारथि इसमें बराबर हम लोगों के साथी हो रहे थे और सबसे अधिक आश्चर्य मुझे मालती को देख कर हुआ। वह मानो इस जीवन की सम्पूर्ण गृहस्थी यहाँ सजा कर रहेगी। मालती एक स्वस्थ युवती थीय किन्तु दूर से देखने में अपनी छोटी–सी आकृति के कारण वह बालिका–सी लगती थी। उसकी तीनों सन्तानें बड़ी सुन्दर थीं। मिन्ना छह बरस का, रज्जन चार का और कमलो दो की थी। कमलो सचमुच एक गुडिया थी, कल्लू का उससे इतना घना परिचय हो गया कि दोनों को एक दूसरे बिना चैन नहीं। मैं सोचता था कि प्राणी क्या स्नेहमय ही उत्पन्न होता है। अज्ञात प्रदेशों से आकर वह संसार में जन्म लेता है। फिर अपने लिए स्नेहमय सम्बन्ध बना लेता है, किन्तु मैं सदैव इन बुरी बातों से भागता ही रहा। इसे मैं अपना सौभाग्य कहूँ, या दुर्भाग्य?

इन्हीं कई दिनों में रामेश्वर के प्रति मेरे हृदय में इतना स्नेह उमड़ा कि मैं उसे एक क्षण छोड़ने के लिए प्रस्तुत न था। अब हम लोग साथ बैठकर भोजन करते, साथ ही टहलने निकलते। बातों का तो अन्त ही न था। कल्लू तीनों लडकों को बहलाये रहता। दुलारे खाने–पीने का प्रबन्ध कर लेता। रामेश्वर से मेरी बातें होती और मालती चुपचाप सुना करती। कभी–कभी बीच में कोई अच्छी–सी मीठी बात बोल भी देती।

और प्रज्ञासारथि को तो मानो एक पाठशाला ही मिल गई थी। वे गार्हस्थ्य–जीवन का चुपचाप अच्छा–सा अध्ययन कर रहे थे।

एक दिन मैं बाजार से अकेला लौट रहा था। बंगले के पास मैं पहुँचा ही था, कि लैला मुझे दिखाई पड़ी। वह अपने घोड़े पर सवार थी। मैं क्षण भर तक विचारता रहा कि क्या करूँ। तब तक घोड़े से उतर कर वह मेरे पास चली आई। मैं खड़ा हो गया था। उसने पूछा–बाबूजी, आप कहीं चले गये थे? हाँ!

अब इस बँगले में आप नहीं रहते?

मैं तुमसे एक बात कहना चाहता हूँ, लैला। मैंने घबरा कर उससे कहा।

क्या बाबूजी?

वह चिट्ठी।

है मेरे ही पास, क्यों?

मैंने उसमें कुछ झूठ कहा था।

झूठ! लैला की आँखों से बिजली निकलने लगी थी।

हाँ लैला! उसमें रामेश्वर ने लिखा था कि मैं तुमको नहीं चाहता, मुझे बाल–बच्चे हैं।

ऐं! तुम झूठे! दगाबाज! कहती हुई लैला अपनी छुरी की ओर देखती हुई दाँत पीसने लगी।

मैंने कहा–लैला, तुम मेरा कसूर।

तुम मेरे दिल से दिल्लगी करते थे! कितने रंज की बात है! वह कुछ न कह सकी। वहीं बैठकर रोने लगी। मैंने देखा कि यह बड़ी आफत है। कोई मुझे इस तरह यहाँ देखेगा तो क्या कहेगा। मैं तुरन्त वहाँ से चल देना चाहता था, किन्तु लैला ने आँसू भरी आँखों से मेरी ओर देखते हुए कहा–तुमने मेरे लिए दुनिया में एक बड़ी अच्छी बात सुनाई

थी। वह मेरी हँसी थी! इसे जान कर आज मुझे इतना गुस्सा आता है कि मैं तुमको मार डालूँ या आप ही मर जाऊँ।–लैला दाँत पीस रही थी। मैं काँप उठा–अपने प्राणों के भय से नहीं किन्तु लैला के साथ अदृष्ट के खिलवाड़ पर और अपनी मूर्खता पर। मैंने प्रार्थना के ढंग से कहा–लैला, मैंने तुम्हारे मन को ठेस लगा दी है–इसका मुझे बड़ा दुःख है। अब तुम उसको भूल जाओ।

तुम भूल सकते हो, मैं नहीं! मैं खून करूँगी!–उसकी आँखों से ज्वाला निकल रही थी।

किसका, लैला! मेरा?

ओह नहीं, तुम्हारा नहीं, तुमने एक दिन मुझे सबसे बड़ा आराम दिया है। हो, वह झूठा। तुमने अच्छा नहीं किया था, तो भी मैं तुमको अपना दोस्त समझती हूँ।

तब किसका खून करोगी?

उसने गहरी साँस ले कर कहा–अपना या किसी फिर चुप हो गई। मैंने कहा–तुम ऐसा न करोगी, लैला! मेरा और कुछ कहने का साहस नहीं होता था। उसी ने फिर पूछा–वह जो तेज हवा चलती है, जिसमें बिजली चमकती है, बरफ गिरती है, जो बड़े–बड़े पेड़ों को तोड़ डालती है।हम लोगों के घरों को उड़ा ले जाती है।

आँधी!–मैंने बीच ही में कहा।

हाँ, वही मेरे यहाँ चल रही है!–कहकर लैला ने अपनी छाती पर हाथ रख दिया।

लैला!–मैंने अधीर होकर कहा।

मैं उसको एक बार देखना चाहती हूँ।–उसने भी व्याकुलता से मेरी ओर देखते हुए कहा।

मैं उसे दिखा दूँगा, पर तुम उसकी कोई बुराई तो न करोगी?–मैंने कहा।

हुश!–कहकर लैला ने अपनी काली आँखें उठाकर मेरी ओर देखा।

मैंने कहा–अच्छा लैला! मैं दिखा दूँगा।

कल मुझसे यहीं मिलना। कहती हुई वह अपने घोड़े पर सवार हो गई। उदास लैला के बोझ से वह घोड़ा भी धीरे–धीरे चलने लगा और लैला झुकी हुई–सी उस पर मानो किसी तरह बैठी थी।

मैं वहीं थोड़ी देर तक खड़ा रहा। और फिर धीरे–धीरे अनिच्छापूर्वक पाठशाला की ओर लौटा। प्रज्ञासारथि पीपल के नीचे शिलाखण्ड पर बैठे थे। मिन्ना उनके पास खड़ा उनका मुँह देख रहा था। प्रज्ञासारथि की रहस्यपूर्ण हँसी आज अधिक उदार थी। मैंने देखा कि वह उदासीन विदेशी अपनी समस्या हल कर चुका है। बच्चों की चहल–पहल ने उसके जीवन में वाञ्छित परिवर्तन ला दिया है। और मैं?

मैं कह चुका था, इसलिए दूसरे दिन लैला से भेंट करने पहुँचा। देखता हूँ कि वह पहले ही से वहाँ बैठी है। निराशा से उदास उसका मुँह आज पीला हो रहा था। उसने हँसने की चेष्टा नहीं की और न मैंने ही। उसने पूछा–तो कब, कहाँ चलना होगा? मैं तो सूरत में उससे मिली थी! वहीं उसने मेरी चिट्ठी का जवाब दिया था। अब कहाँ चलना होगा? मैं भौंचक–सा हो गया। लैला को विश्वास था कि सूरत, बम्बई, काश्मीर वह चाहे कहीं हो, मैं उसे लिवाकर चलूँगा ही। और रामेश्वर से भेंट करा दूँगा। सम्भवतः उसने मेरे परिहास का दण्ड निर्धारित कर लिया था। मैं सोचने लगा–क्या कहूँ।

लैला ने फिर कहा–मैं उसकी बुराई न करूँगी, तुम डरो मत।

मैंने कहा–वह यहीं आ गया है। उसके बाल–बच्चे सब साथ हैं! लैला,

तुम चलोगी?

वह एक बार सिर से पैर तक काँप उठी! और मैं भी घबरा गया। मेरे मन में नई आशंका हुई। आज मैं क्या दूसरी भूल करने जा रहा हूँ? उसने सम्हलकर कहा–हाँ चलूँगी, बाबू! मैंने गहरी दृष्टि से उसके मुँह की ओर देखा, तो अन्धड़ नहीं, किन्तु एक शीतल मलय का व्याकुल झोंका उसकी घुँघराली लटों के साथ खेल रहा था। मैंने कहा–अच्छा, मेरे पीछे–पीछे चलो आओ!

मैं चला और वह मेरे पीछे थी। जब पाठशाला के पास पहुँचा, तो मुझे हारमोनियम का स्वर और मधुर आलाप सुनाई पड़ा। मैं ठिठककर सुनने लगा–रमणी–कण्ठ की मधुर ध्वनि! मैंने देखा कि लैला की भी आँखे उस संगीत के नशे में मतवाली हो चली हैं। उधर देखता हूँ तो कमलो को गोद में लिये प्रज्ञासारथि भी झूम रहे हैं। अपने कमरे में मालती छोटे–से सफरी बाजे पर पीलू गा रही है और अच्छी तरह गा रही है! रामेश्वर लेटा हुआ उसके मुँह की ओर देख रहा है। पूर्ण तृप्ति! प्रसन्नता की माधुरी दोनों के मुँह पर खेल रही है! पास ही रंजन और मिन्ना बैठे हुए अपने माता और पिता को देख रहे हैं! हम लोगों के आने की बात कौन जानता है। मैंने एक क्षण के लिए अपने को कोसा, इतने सुन्दर संसार में कलह की ज्वाला जला कर मैं तमाशा देखने चला था। हाय रे–मेरा कुतूहल! और लैला स्तब्ध अपनी बड़ी–बड़ी आँखों से एकटक न जाने क्या देख रही थी। मैं देखता था कि कमलो प्रज्ञासारथि की गोद से धीरे से खिसक पड़ी और बिल्ली की तरह पैर दबाती हुई अपनी माँ की पीठ पर हँसती हुई गिर पड़ी, और बोली–माँ! और गाना रुक गया। कमलो के साथ मिन्ना और रंजन भी हँस पड़े। रामेश्वर ने कहा–कमलो, तू बली पाजी है ले! बा–पाजी–लाल–कहकर

कमलो ने अपनी नन्ही–सी उँगली उठाकर हम लोगों की ओर संकेत किया। रामेश्वर तो उठकर बैठ गये। मालती ने मुझे देखते ही सिर का कपड़ा तनिक आगे की ओर खींच लिया और लैला ने रामेश्वर को देखकर सलाम किया। दोनों की आँखे मिलीं। रामेश्वर के मुँह पर पल भर के लिए एक घबराहट दिखाई पड़ी। फिर उसने सम्हलकर पूछा–अरे लैला! तुम यहाँ कहाँ?

चारयारी न लोगे, बाबू?–कहती हुई लैला निर्भीक भाव से मालती के पास जाकर बैठ गई।

मालती लैला पर एक सलज्ज मुस्कान छोड़ती हुई, उठ खड़ी हुई। लैला उसका मुँह देख रही थी, किन्तु उस ओर ध्यान न देकर मालती ने मुझसे कहा–भाई जी, आपने जलपान नहीं किया। आज तो आप ही के लिए मैंने सूरन के लड्डू बनाये हैं।

तो देती क्यों नहीं पगली, मैं सवेरे से ही भूखा भटक रहा हूँ–मैंने कहा। मालती जलपान ले आने गई। रामेश्वर ने कहा–चारयारी ले आई हो? लैला ने हाँ कहते हुए अपना बेग खोला। फिर रुक कर उसने अपने गले से एक ताबीज निकाला। रेशम से लिपटा हुआ चौकोर ताबीज का सीवन खोलकर उसने वह चिठ्ठी निकाली। मैं स्थिर भाव से देख रहा था। लैला ने कहा–पहले बाबूजी, इस चिठ्ठी को पढ़ दीजिए। रामेश्वर ने कम्पित हाथों से उसको खोला, वह उसी का लिखा हुआ पत्र था। उसने घबराकर लैला की ओर देखा। लैला ने शान्त स्वरों में कहा–पढ़िए बाबू! मैं आप ही के मुँह से सुनना चाहती हूँ।

रामेश्वर ने दृढ़ता से पढ़ना आरम्भ किया। जैसे उसने अपने हृदय का समस्त बल आनेवाली घटनाओं का सामना करने के लिए एकत्र कर लिया हो, क्योंकि मालती जलपान लिये आ ही रही थी। रामेश्वर ने

पूरा पत्र पढ़ लिया। केवल नीचे अपना नाम नहीं पढ़ा। मालती खड़ी सुनती रही और मैं सूरन के लड्डू खाता रहा। बीच–बीच में मालती का मुँह देख लिया करता था! उसने बड़ी गम्भीरता से पूछा–भाई जी, लड्डू कैसे हैं, यह तो आपने बताया नहीं, धीरे से खा गये।

जो वस्तु अच्छी होती है, वही तो गले में धीरे से उतार ली जाती है। नहीं तो कड़वी वस्तु के लिए, थू–थू न करना पड़ता। मैं कह ही रहा था कि लैला ने रामेश्वर से कहा– ठीक तो! मैंने सुन लिया। अब आप उसको फाड़ डालिए। तब आपको चारयारी दिखाऊँ।

रामेश्वर सचमुच पत्र फाड़ने लगा। चिन्दी–चिन्दी उस कागज के टुकड़े की उड़ गई और लैला ने एक छिपी हुई गहरी साँस ली, किन्तु मेरे कोनों ने उसे सुन ही लिया। वह तो एक भयानक आँधी से कम न थी। लैला ने सचमुच एक सोने की चारयारी निकाली। उसके साथ एक सुन्दर मूँगे की माला। रामेश्वर ने चारयारी लेकर देखा। उसने मालती से पचास के नोट देने के लिए कहा। मालती अपने पति के व्यवसाय को जानती थी, उसने तुरन्त नोट दे दिये। रामेश्वर ने जब नोट लैला की ओर बढ़ाये, तभी कमलो सामने आकर खड़ी हो गई–बा लाल।

रामेश्वर ने पूछा, क्या है रे कमलो?

पुतली–सी सुन्दर बालिका ने रामेश्वर के गालों को अपने छोटे से हाथों से पकड़ कर कहा–लाला–लाल

लैला ने नोट ले लिये थे। पूछा–बाबूजी! मूँगे की माला न लीजिएगा?

नहीं।

लैला ने माला उठाकर कमलो को पहना दी। रामेश्वर नहीं–नहीं कर ही रहा था किन्तु उसने सुना नहीं! कमलो ने अपनी माँ को देखकर कहा माँलालवह हँस पड़ी और कुछ नोट रामेश्वर को देते हुए बोली–तो ले

न लो, इसका भी दाम दे दो।

लैला ने तीव्र दृष्टि से मालती को देखा, मैं तो सहम गया था। मालती हँस पड़ी। उसने कहा–क्या दाम न लोगी?

लैला, कमलो का मुँह चूमती हुई उठ खड़ी हुई। मालती अवाक, रामेश्वर स्तब्ध, किन्तु मैं प्रकृतिस्थ था।

लैला चली गई।

मैं विचारता रहा, सोचता रहा। कोई अन्त न था–ओर–छोर को पता नहीं। लैला–प्रज्ञासारथि–रामेश्वर और मालती सभी मेरे सामने बिजली के पुतलों–से चक्कर काट रहे थे। सन्ध्या हो चली थी, किन्तु मैं पीपल के नीचे से उठ न सका। प्रज्ञासारथि अपना ध्यान समाप्त करके उठे। उन्होंने मुझे पुकारा–श्रीनाथजी! मैंने हँसने की चेष्टा करते हुए कहा–कहिए!

आज तो आप भी समाधिस्थ रहे।

तब भी इसी पृथ्वी पर था! जहाँ लालसा क्रन्दन करती है, दुखानुभूति हँसती है और नियति अपने मिट्टी के पुतलों के साथ अपना क्रूर मनोविनोद करती है, किन्तु आप तो बहुत ऊँचे किसी स्वर्गीय भावना में ठहरिये श्रीनाथजी! सुख और दुःख, आकाश और पृथ्वी, स्वर्ग और नरक के बीच में है वह सत्य, जिसे मनुष्य प्राप्त कर सकता है।

मुझे क्षमा कीजिए! अन्तरिक्ष में उड़ने की मुझमें शक्ति नहीं है। मैंने परिहास–पूर्वक कहा।

साधारण मन की स्थिति को छोड़ कर जब मनुष्य कुछ दूसरी बात सोचने के लिए प्रयास करता है, तब क्या वह उड़ने का प्रयास नहीं? हम लोग कहने के लिए द्विपद हैं, किन्तु देखिए तो जीवन में हम लोग कितनी बार उचकते हैं, उड़ान भरते हैं। वही तो उन्नति की चेष्टा,

जीवन के लिए संग्राम, और भी क्या–क्या नाम से प्रशंसित नहीं होती? तो मैं भी इसकी निन्दा नहीं करता, उठने की चेष्टा करनी चाहिए, किन्तु आप यही न कहेंगे कि समझ–बूझ कर एक बार उचकना चाहिएय किन्तु उस एक बार को–उस अचूक अवसर को जानना सहज नहीं। इसीलिए तो मनुष्य को, जो सबसे बुद्धिमान प्राणी है, बार–बार धोखा खाना पड़ता है। उन्नति को उसने विभिन्न रूपों में अपनी आवश्यकताओं के साथ इतना मिलाया है कि उसे सिद्धान्त बना लेना पड़ा है कि उन्नति का द्वन्द्व पतन ही है।

संयम का वज्र–गम्भीर नाद प्रकृति से नहीं सुनते हो? शारीरिक कर्म तो गौण है, मुख्य संयम तो मानसिक है। श्रीनाथजी, आज लैला का वह मन का संयम क्या किसी महानदी की प्रखर धारा के अचल बाँध से कम था? मैं तो देखकर अवाक् था। आपकी उस समय विचित्र परिस्थिति रही। फिर भी कैसे सब निर्विघ्न समाप्त हो गया। उसे सोचकर तो मैं अब भी चकित हो जाता हूँ, क्या वह इस भयानक प्रतिरोध के धक्के को सम्हाल लेगी?

लैला के वक्षस्थल में कितना भीषण अन्धड़ चल रहा होगा, इसका अनुभव हम लोग नहीं कर सकते! मैं अब भी इससे भयभीत हो रहा हूँ। प्रज्ञासारथि चुप रहकर धीरे–धीरे कहने लगे–मैं तो कल जाऊँगा। यदि तुम्हारी सम्मति हो, तो रामेश्वर को भी साथ चलने के लिए कहूँ। बम्बई तक हम लोगों का साथ रहेगा और मालती इस भयावनी छाया से शीघ्र ही दूर हट जायगी! फिर तो सब कुशल ही है।

मेरे त्रस्त मन को शरण मिली। मैंने कहा–अच्छी बात है। प्रज्ञासारथि उठ गये। मैं वहीं बैठा रहा, और भी बैठा रहता, यदि मिन्ना और रंजन की किलकारी और रामेश्वर की डाँट–डपट–मालती की कलछी की

खट–खट का कोलाहल जोर न पकड़ लेता और कल्लू सामने आकर न खड़ा हो जाता।

प्रज्ञासारथि, रामेश्वर और मालती को गये एक सप्ताह से ऊपर हो गया। अभी तक उस वास्तविक संसार का कोलाहल सुदूर से आती हुई मधुर संगीत की प्रतिध्वनि के समान मेरे कानों में गूँज रहा था। मैं अभी तक उस मादकता को उतार न सका था। जीवन में पहले की–सी निश्चिन्तता का विराग नहीं, न तो वह बे–परवाही रही। मैं सोचने लगा कि अब मैं क्या करूँ?

कुछ करने की इच्छा क्यों? मन के कोने से चुटकी लेते कौन पूछ बैठा? किये बिना तो रहा नहीं जाता।

करो भी, पाठशाला से क्या मन ऊब चला?

उतने से सन्तोष नहीं होता।

और क्या चाहिए?

यही तो समझ नहीं सका, नहीं तो यह प्रश्न ही क्यों करता कि–अब मैं क्या करूँ–मैंने झुँझला कर कहा। मेरी बातों का उत्तर लेने–देनेवाला मुस्करा कर हट गया। मैं चिन्ता के अन्धकार में डूब गया! वह मेरी ही गहराई थी, जिसकी मुझे थाह न लगी। मैं प्रकृतिस्थ हुआ कब, जब एक उदास और ज्वालामयी तीव्र दृष्टि मेरी आँखों में घुसने लगी। अपने उस अन्धकार में मैंने एक ज्योति देखी।

मैं स्वीकार करूँगा कि वह लैला थी, इस पर हँसने की इच्छा हो तो हँस लीजिए, किन्तु मैं लैला को पा जाने के लिए विकल नहीं था, क्योंकि लैला जिसको पाने की अभिलाषा करती थी, वही उसे न मिला। और परिणाम ठीक मेरी आँखों के सामने था। तब? मेरी सहानुभूति क्यों जगी? हाँ, वह सहानुभूति थी। लैला जैसे दीर्घ पथ पर चलने वाले मुझ

पथिक की चिरसंगिनी थी।

उस दिन इतना ही विश्वास करके मुझे सन्तोष हुआ।

रात को कलुआ ने पूछा–बाबूजी! आप घर न चलिएगा। मैं आश्चर्य से उसकी ओर देखने लगा। उसने हठ–भरी आँखों से फिर वही प्रश्न किया। मैंने हँस कर कहा–मेरा घर तो यही है रे कलुआ!

नहीं बाबूजी! जहाँ मिन्ना गये हैं। जहाँ रंजन और जहाँ कमलो गई है, वहीं तो घर है।

जहाँ बहूजी गई हैं–जहाँ बाबाजीहठात् प्रज्ञासारथि का मुझे स्मरण हो आया। मुझे क्रोध में कहना पड़ा–कलुआ, मुझे और कहीं घर–वर नहीं है। फिर मन–ही–मन कहा–इस बात को वह बौद्ध समझता था–

"हूँ, सबको घर है, बाबाजी को, बहूजी को, मिन्ना को–सबको है, आपको नहीं है?" उसने ठुनकते हुए कहा।

किन्तु मैं अपने ऊपर झुँझला रहा था। मैंने कहा–बकवाद न कर, जा सो रह, आज–कल तू पढ़ता नहीं।

कलुआ सिर झुकाये–व्यथा–भरे वक्षस्थल को दबाये अपने बिछौने पर जा पड़ा। और मैं उस निस्तब्ध रात्रि में जागता रहा! खिडकी में से झील का आन्दोलित जल दिखाई पड़ रहा था और मैं आश्चर्य से अपना ही बनाया हुआ चित्र उसमें देख रहा था। चंदा के प्रशान्त जल में एक छोटी–सी नाव है, जिस पर मालती, रामेश्वर बैठे थे और मै डाँड़ा चला रहा था। प्रज्ञासारथि तीर पर खड़े बच्चों को बहला रहे थे। हम लोग उजली चाँदनी में नाव खेते चले जा रहे थे। सहसा चित्र में एक और मूर्ति का प्रादुर्भाव हुआ। वह थी लैला! मेरी आँखे तिलमिला गई। मैं जागता था–सोता था।

सवेरा हो गया था। नींद से भरी आँखे नहीं खुलती थीं, तो भी बाहर

के कोलाहल ने मुझे जगा दिया। देखता हूँ, तो ईरानियों का एक झुण्ड बाहर खड़ा है।

मैंने पूछा–क्या है?

गुल ने कहा–यहाँ का पीर कहाँ है?

पीर!–मैंने आश्चर्य से पूछा।

हाँ वही, जो पीला–पीला कपड़ा पहनता था।

मैं समझ गया, वे लोग प्रज्ञासारथि को खोजते थे। मैंने कहा–वह तो यहाँ नहीं है, अपने घर गये। काम क्या है?

एक लडकी को हवा लगी है, यहीं का कोई आसेब है। पीर को दिखलाना चाहती हूँ।–एक अधेड़ स्त्री ने बड़ी व्याकुलता से कहा।

मैंने पूछा–भाई! मैं तो यह सब कुछ नहीं जानता। वह लडकी कहाँ है?

पड़ाव पर, बाबूजी! आप चलकर देख लीजिए।

आगे वह कुछ न बोल सकी। किन्तु गुल ने कहा–बाबू! तुम जानते हो, वही–लैला!

आगे मैं न सुन सका। अपनी ही अन्तर्ध्वनि से मैं व्याकुल हो गया। यही तो होता है, किसी के उजड़ने से ही दूसरा बसता है। यदि यही विधि–विधान है, तो बसने का नाम उजडना ही है। यदि रामेश्वर, मालती और अपने बाल–बच्चों की चिन्ता छोड़कर लैला को ही देखता, तभीकिन्तु वैसा हो कैसे सकता है। मैंने कल्पना की आँखों से देखा, लैला का विवर्ण सुन्दर मुख–निराशा की झुलस से दयनीय मुख!

उन ईरानियों से फिर बात न करके मैं भीतर चला गया और तकिये में अपना मुँह छिपा लिया। पीछे सुना, कलुआ डाँट बताता हुआ कह रहा है–जाओ–जाओ, यहाँ बाबा जी नहीं रहते!

मैं लड़कों  को पढ़ाने लगा। कितना आश्चर्यजनक भयानक परिवर्तन

मुझमें हो गया! उसे देखकर मैं ही विस्मित होता था। कलुआ इन्हीं कई महीनों में मेरा एकान्त साथी बन गया। मैंने उसे बार–बार समझाया, किन्तु वह बीच–बीच में मुझसे घर चलने के लिए कह बैठता ही था। मैं हताश हो गया। अब वह जब घर चलने की बात कहता, तो मैं सिर हिलाकर कह देता–अच्छा, अभी चलूँगा।

दिन इसी तरह बीतने लगे। बसन्त के आगमन से प्रकृति सिहर उठी। वनस्पतियों की रोमावली पुलकित थी। मैं पीपल के नीचे उदास बैठा हुआ ईषत् शीतल पवन से अपने शरीर में फुरहरी का अनुभव कर रहा था। आकाश की आलोक–माला चंदा की वीचियों में डुबकियाँ लगा रही थी। निस्तब्ध रात्रि का आगमन बड़ा गम्भीर था।

दूर से एक संगीत की–नन्ही–नन्ही करुण वेदना की तान सुनाई पड़ रही थी। उस भाषा को मैं नहीं समझता था। मैंने समझा, यह भी कोई छलना होगी। फिर सहसा मैं विचारने लगा कि नियति भयानक वेग से चल रही है। आँधी की तरह उसमें असंख्य प्राणी तृण–तूलिका के समान इधर–उधर बिखर रहे हैं। कहीं से लाकर किसी को वह मिला ही देती है और ऊपर से कोई बोझे की वस्तु भी लाद देती है कि वे चिरकाल तक एक दूसरे से सम्बद्ध रहें। सचमुच! कल्पना प्रत्यक्ष हो चली। दक्षिण का आकाश धूसर हो चला–एक दानव ताराओं को निगलने लगा। पक्षियों का कोलाहल बढ़ा। अन्तरिक्ष व्याकुल हो उठा! कड़कड़ाहट में सभी आश्रय खोजने लगे, किन्तु मैं कैसे उठता! वह संगीत की ध्वनि समीप आ रही थी। वज्रनिर्घोष को भेद कर कोई कलेजे से गा रहा था। अन्धकार के साम्राज्य में तृण, लता, वृक्ष सचराचर कम्पित हो रहे थे। कलुआ की चीत्कार सुन कर भीतर चला गया। उस भीषण कोलाहल में भी वही संगीत–ध्वनि पवन के हिण्डोले पर झूल रही थी, मानो

पाठशाला के चारों ओर लिपट रही थी। सहसा एक भीषण अर्राहट हुई। अब मैं टार्च लिये बाहर आ गया।

आँधी रुक गई थी। मैंने देखा पीपल कि बड़ी–सी डाल फटी पड़ी है और लैला नीचे दबी हुई अपनी भावनाओं की सीमा पार कर चुकी है। मैं अब भी चंदा–तट की बौद्ध पाठशाला का अवैतनिक अध्यक्ष हूँ। प्रज्ञासारथि के नाम को कोसता हुआ दिन बिताता हूँ। कोई उपाय नहीं। वहीं जैसे मेरे जीवन का केन्द्र है।

आज भी मेरे हृदय में आँधी चला करती है और उसमें लैला का मुख बिजली की तरह कौंधा करता है।

❑❑❑

# तानसेन

यह छोटा सा परिवार भी क्या ही सुन्दर है, सुहावने आम और जामुन के वृक्ष चारों ओर से इसे घेरे हुए हैं। दूर से देखने में यहाँ केवल एक बड़ा–सा वृक्षों का झुरमुट दिखाई देता है, पर इसका स्वच्छ जल अपने सौन्दर्य को ऊँचे ढूहों में छिपाये हुए है। कठोर–हृदया धरणी के वक्षस्थल में यह छोटा–सा करुणा कुण्ड, बड़ी सावधानी से, प्रकृति ने छिपा रक्खा है।

सन्ध्या हो चली है। विहँग–कुल कोमल कल–रव करते हुए अप. ने–अपने नीड़ की ओर लौटने लगे हैं। अन्धकार अपना आगमन सूचित कराता हुआ वृक्षों के ऊँचे टहनियों के कोमल किसलयों को धुँधले रंग का बना रहा है। पर सूर्य की अन्तिम किरणें अभी अपना स्थान नहीं छोड़ना चाहती हैं। वे हवा के झोकों से हटाई जाने पर भी अन्धकार के अधिकार का विरोध करती हुई सूर्यदेव की उँगलियों की तरह हिल रही हैं।

सन्ध्या हो गई। कोकिल बोल उठा। एक सुन्दर कोमल कण्ठ से

निकली हुई रसीली तान ने उसे भी चुप कर दिया। मनोहर–स्वर –लहरी उस सरोवर–तीर से उठकर तट के सब वृक्षों को गुंजरित करने लगी। मधुर–मलयानिल–ताड़ित जल–लहरी उस स्वर के ताल पर नाचने लगी। हर–एक पत्ता ताल देने लगा। अद्‌भुत आनन्द का समावेश था। शान्ति का नैसर्गिक राज्य उस छोटी रमणीय भूमि में मानों जमकर बैठ गया था।

यह आनन्द–कानन अपना मनोहर स्वरूप एक पथिक से छिपा न सका, क्योंकि वह प्यासा था। जल की उसे आवश्यकता थी। उसका घोड़ा, जो बड़ी शीघ्रता से आ रहा था, रुका, ओर वह उतर पड़ा। पथिक बड़े वेग से अश्व से उतरा, पर वह भी स्तब्ध खड़ा हो गया, क्योंकि उसको भी उसी स्वर–लहरी ने मन्त्रमुग्ध फणी की तरह बना दिया। मृगया–शील पथिक क्लान्त था–वृक्ष के सहारे खड़ा हो गया। थोड़ी देर तक तह अपने को भूल गया। जब स्वर–लहरी ठहरी, तब उसकी निद्रा भी टूटी। युवक सारे श्रम को भूल गया, उसके अंग में एक अद्‌भुत स्फूर्ति मालूम हुई। वह, जहाँ से स्वर सुनाई पड़ता था, उसी ओर चला। जाकर देखा, एक युवक खड़ा होकर उस अन्धकार–रंजित जल की ओर देख रहा है।

पथिक ने उत्साह के साथ जाकर उस युवक के कंधे को पकड़ कर हिलाया। युवक का ध्यान टूटा। उसने पलटकर देखा।

2

पथिक का वीर–वेश भी सुन्दर था। उसकी खड़ी मूँछें उसके स्वाभाविक गर्व को तनकर जता रही थीं। युवक को उसके इस असभ्य बर्ताव पर क्रोध तो आया, पर कुछ सोचकर वह चुप हो रहा। और, इधर पथिक ने सरल स्वर से एक छोटा–सा प्रश्न कर दिया–क्यों भई, तुम्हारा

नाम क्या है?

युवक ने उत्तर दिया—रामप्रसाद।

पथिक—यहाँ कहाँ रहते हो? अगर बाहर के रहने वाले हो, तो चलो, हमारे घर पर आज ठहरो।

युवक कुछ न बोला, किन्तु उसने एक स्वीकार—सूचक इंगित किया। पथिक और युवक, दोनों, अश्व के समीप आये। पथिक ने उसकी लगाम हाथ में ले ली। दोनों पैदल ही सड़क की ओर बढ़े।

दोनों एक विशाल दुर्ग के फाटक पर पहुँचे और उसमें प्रवेश किया। द्वार के रक्षकों ने उठकर आदर के साथ उस पथिक को अभिवादन किया। एक ने बढ़कर घोड़ा थाम लिया। अब दोनों ने बड़े दालानों और अमराइयों को पार करके एक छोटे से पाईं बाग में प्रवेश किया। रामप्रसाद चकित था, उसे यह नहीं ज्ञात होता था कि वह किसके संग कहाँ जा रहा है। हाँ, यह उसे अवश्य प्रतीत हो गया कि यह पथिक इस दुर्ग का कोई प्रधान पुरुष है।

पाईं बाग में बीचोबीच एक चबूतरा था, जो संगमरमर का बना था। छोटी—छोटी सीढ़ियाँ चढकर दोनों उस पर पहुँचे। थोड़ी देर में एक दासी पानदान और दूसरी वारुणी की बोतल लिये हुए आ पहुँची।

पथिक, जिसे अब हम पथिक न कहेंगे, ग्वालियर—दुर्ग का किलेदार था, मुगल सम्राट अकबर के सरदारों में से था। बिछे हुए पारसी कालीन पर मसनद के सहारे वह बैठ गया। दोनों दासियाँ फिर एक हुक्का ले आईं और उसे रखकर मसनद के पीछे खड़ी होकर चँवर करने लगीं। एक ने रामप्रसाद की ओर बहुत बचाकर देखा।

युवक सरदार ने थोड़ी—सी वारुणी ली। दो—चार गिलौरी पान की खाकर फिर वह हुक्का खींचने लगा। रामप्रसाद क्या करेय बैठे—बैठे

सरदार का मुँह देख रहा था। सरदार के ईरानी चेहरे पर वारुणी ने वार्निश का काम किया। उसका चेहरा चमक उठा। उत्साह से भरकर उसने कहा–रामप्रसाद, कुछ–कुछ गाओ। यह उस दासी की ओर देख रहा था।

3

रामप्रसाद, सरदार के साथ बहुत मिल गया। उसे अब कहीं भी रोक–टोक नहीं है। उसी पाईं–बाग में उसके रहने की जगह है। अपनी खिचड़ी आँच पर चढ़ाकर प्रायः चबूतरे पर आकर गुनगुनाया करता। ऐसा करने की उसे मनाही नहीं थी। सरदार भी कभी–कभी खड़े होकर बड़े प्रेम से उसे सुनते थे। किन्तु उस गुनगुनाहट ने एक बड़ा बेढब कार्य किया। वह यह कि सरदार–महल की एक नवीना दासी, उस गुनगुनाहट की धुन में, कभी–कभी पान में चूना रखना भूल जाया करती थी, और कभी–कभी मालकिन के 'किताब' माँगने पर 'आफताबा' ले जाकर बड़ी लज्जित होती थी। पर तो भी बरामदे में से उसे एक बार उस चबूतरे की ओर देखना ही पड़ता था।

रामप्रसाद को कुछ नहीं–वह जंगली जीव था। उसे इस छोटे–से उद्यान में रहना पसन्द नहीं था, पर क्या करे। उसने भी एक कौतुक सोच रक्खा था। जब उसके स्वर में मुग्ध होकर कोई अपने कार्य में च्युत हो जाता, तब उसे बड़ा आनन्द मिलता।

सरदार अपने कार्य में व्यस्त रहते थे। उन्हें सन्ध्या को चबूतरे पर बैठकर रामप्रसाद के दो–एक गाने सुनने का नशा हो गया था। जिस दिन गाना नहीं सुनते, उस दिन उनको वारुणी में नशा कम हो जाता–उनकी विचित्र दशा हो जाती थी। रामप्रसाद ने एक दिन अपने पूर्व–परिचित सरोवर पर जाने के लिए छुट्टी माँगी, मिल भी गई।

सन्ध्या को सरदार चबूतरे पर नहीं बैठे, महल में चले गये। उनकी स्त्री ने कहा–आज आप उदास क्यों हैं?

सरदार–रामप्रसाद के गाने में मुझे बड़ा ही सुख मिलता है।

सरदार–पत्नी–क्या आपका रामप्रसाद इतना अच्छा गाता है जो उसके बिना आपको चैन नहीं? मेरी समझ में मेरी बाँदी उससे अच्छा गा सकती है।

सरदार–(हँसकर) भला! उसका नाम क्या है?

सरदार–पत्नी–वही, सौसन–जिसे में देहली से खरीदकर ले आई हूँ।

सरदार–क्या खूब! अजी, उसको तो मैं रोज देखता हूँ। वह गाना जानती होती, तो क्या मैं आज तक न सुन सकता।

सरदार–पत्नी–तो इसमें बहस की कोई जरूरत नहीं है। कल उसका और रामप्रसाद का सामना कराया जावे।

सरदार–क्या हर्ज।

4

आज उस छोटे–से उद्यान में अच्छी सज–धज है। साज लेकर दासियाँ बजा रही हैं। 'सौसन' संकुचित होकर रामप्रसाद के सामने बैठी है। सरदार ने उसे गाने की आज्ञा दी। उसने गाना आरम्भ किया–

कहो री, जो कहिबे की होई।
बिरह बिथा अन्तर की वेदन सो जाने जेहि होई॥
ऐसे कठिन भये पिय प्यारे काहि सुनावों रोई।
'सूरदास' सुखमूरि मनोहर लै जुगयो मन गोई॥

कमनीय कामिनी–कण्ठ की प्रत्येक तान में ऐसी सुन्दरता थी कि सुननेवाले बजानेवाले–सब चित्र लिखे–से हो गये। रामप्रसाद की विचित्र दशा थी, क्योंकि सौसन के स्वाभाविक भाव, जो उसकी ओर देखकर होते

थे–उसे मुग्ध किये हुए थे।

रामप्रसाद गायक था, किन्तु रमणी–सुलभ –भाव उसे नहीं आते थे। उसकी अन्तरात्मा ने उससे धीरे–से कहा कि 'सर्वस्व हार चुका'!

सरदार ने कहा–रामप्रसाद, तुम भी गाओ। वह भी एक अनिवार्य आकर्षण से–इच्छा न रहने पर भी, गाने लगा।

हमारो हिरदय कलिसहु जीत्यो।
फटत न सखी अजहुँ उहि आसा बरिस दिवस पर बीत्यो।।
हमहूँ समुझि पर्यो नीके कर यह आसा तनु रीत्यो।
'सूरस्याम' दासी सुख सोवहु भयउ उभय मन चीत्यो।

सौसन के चेहरे पर गाने का भाव एकबारगी अरुणिमा में प्रगट हो गया। रामप्रसाद ने ऐसे करुण स्वर से इस पद को गाया कि दोनों मुग्ध हो गये।

सरदार ने देखा कि मेरी जीत हुई। प्रसन्न होकर बोल उठा–रामप्रसाद, जो इच्छा हो, माँग लो।

यह सुनकर सरदार–पत्नी के यहाँ से एक बाँदी आई और सौसन से बोली–बेगम ने कहा है कि तुम्हें भी जो माँगना हो, हमसे माँग लो।

रामप्रसाद ने थोड़ी देर तक कुछ न कहा। जब दूसरी बार सरदार ने माँगने को कहा, तब उसका चेहरा कुछ अस्वाभाविक–सा हो उठा। वह विक्षिप्त स्वर से बोल उठा–यदि आप अपनी बात पर दृढ़ हों, तो 'सौसन' को मुझे दे दीजिये।

उसी समय सौसन भी उस बाँदी से बोली–बेगम साहिबा यदि कुछ मुझे देना चाहें, तो अपने दासीपन से मुझे मुक्त कर दें।

बाँदी भीतर चली गई। सरदार चुप रह गये। बाँदी फिर आई और

बोली–बेगम ने तुम्हारी प्रार्थना स्वीकार की और यह हार दिया है। इतना कहकर उसने एक जड़ाऊ हार सौसन को पहना दिया।

सरदार ने कहा–रामप्रसाद, आज से तुम 'तानसेन' हुए। यह सौसन भी तुम्हारी हुई, लेकिन धरम से इसके साथ ब्याह करो।

तानसेन ने कहा–आज से हमारा धर्म 'प्रेम' है।

❑❑❑

# पुरस्कार

आर्द्रा नक्षत्र, आकाश में काले–काले बादलों की घुमड़, जिसमें देव–दुन्दुभी का गम्भीर घोष। प्राची के एक निरभ्र कोने से स्वर्ण–पुरुष झाँकने लगा था।–देखने लगा महाराज की सवारी। शैलमाला के अंचल में समतल उर्वरा भूमि से सोंधी बास उठ रही थी। नगर–तोरण से जयघोष हुआ, भीड़ में गजराज का चामरधारी शुण्ड उन्नत दिखायी पड़ा। वह हर्ष और उत्साह का समुद्र हिलोर भरता हुआ आगे बढ़ने लगा।

प्रभात की हेम–किरणों से अनुरंजित नन्ही–नन्ही बूँदों का एक झोंका स्वर्ण–मल्लिका के समान बरस पड़ा। मंगल सूचना से जनता ने हर्ष–ध्वनि की।

रथों, हाथियों और अश्वारोहियों की पंक्ति जम गई। दर्शकों की भीड़ भी कम न थी। गजराज बैठ गया, सीढ़िय से महाराज उतरे। सौभाग्यवती और कुमारी सुन्दरियों के दो दल, आम्रपल्लवों से सुशोभित मंगल–कलश और फूल, कुंकुम तथा खीलों से भरे थाल लिए, मधुर गान करते हुए

आगे बढ़े।

महाराज के मुख पर मधुर मुस्क्यान थी। पुरोहित–वर्ग ने स्वस्त्ययन किया। स्वर्ण–रंजित हल की मूठ पकड़ कर महाराज ने जुते हुए सुन्दर पुष्ट बैलों को चलने का संकेत किया। बाजे बजने लगे। किशोरी कुमारियों ने खीलों और फूलों की वर्षा की।

कोशल का यह उत्सव प्रसिद्ध था। एक दिन के लिए महाराज को कृषक बनना पड़ता–उस दिन इंद्र–पूजन की धूम–धाम होतीय गोठ होती। नगर–निवासी उस पहाड़ी भूमि में आनन्द मनाते। प्रतिवर्ष कृषि का यह महोत्सव उत्साह से सम्पन्न होता, दूसरे राज्यों से भी युवक राजकुमार इस उत्सव में बड़े चाव से आकर योग देते।

मगध का एक राजकुमार अरुण अपने रथ पर बैठा बड़े कुतूहल से यह दृश्य देख रहा था।

बीजों का एक बाल लिये कुमारी मधूलिका महाराज के साथ थी। बीज बोते हुए महाराज जब हाथ बढ़ाते, तब मधूलिका उनके सामने थाल कर देती। यह खेत मधूलिका का था, जो इस साल महाराज की खेती के लिए चुना गया था, इसलिए बीज देने का सम्मान मधूलिका ही को मिला। वह कुमारी थी। सुन्दरी थी। कौशेयवसन उसके शरीर पर इधर–उधर लहराता हुआ स्वयं शोभित हो रहा था। वह कभी उसे सम्हालती और कभी अपने रूखे अलकों को। कृषक बालिका के शुभ्र भाल पर श्रमकणों की भी कमी न थी, वे सब बरौनियों में गुँथे जा रहे थे। सम्मान और लज्जा उसके अधरों पर मन्द मुस्कराहट के साथ सिहर उठते, किन्तु महाराज को बीज देने में उसने शिथिलता नहीं की। सब लोग महाराज का हल चलाना देख रहे थे–विस्मय से, कुतूहल से। और अरुण देख रहा था कृषक कुमारी मधूलिका को। अहा कितना भोला

सौन्दर्य! कितनी सरल चितवन!

उत्सव का प्रधान कृत्य समाप्त हो गया। महाराज ने मधूलिका के खेत का पुरस्कार दिया, थाल में कुछ स्वर्ण मुद्राएँ। वह राजकीय अनुग्रह था। मधूलिका ने थाली सिर से लगा लीय किन्तु साथ उसमें की स्वर्णमुद्राओं को महाराज पर न्योछावर करके बिखेर दिया। मधूलिका की उस समय की ऊर्जस्वित मूर्ति लोग आश्चर्य से देखने लगे! महाराज की भृकुटी भी जरा चढ़ी ही थी कि मधूलिका ने सविनय कहा– देव! यह मेरे पितृ–पितामहों की भूमि है। इसे बेचना अपराध है, इसलिए मूल्य स्वीकार करना मेरी सामर्थ्य के बाहर है। महाराज के बोलने के पहले ही वृद्ध मन्त्री ने तीखे स्वर से कहा–अबोध! क्या बक रही है? राजकीय अनुग्रह का तिरस्कार! तेरी भूमि से चौगुना मूल्य है, फिर कोशल का तो यह सुनिश्चित राष्ट्रीय नियम है। तू आज से राजकीय रक्षण पाने की अधिकारिणी हुई, इस धन से अपने को सुखी बना।

राजकीय रक्षण की अधिकारिणी तो सारी प्रजा है, मन्त्रिवर! महाराज को भूमि–समर्पण करने में तो मेरा कोई विरोध न था और न है, किन्तु मूल्य स्वीकार करना असम्भव है।– मधूलिका उत्तेजित हो उठी।

महाराज के संकेत करने पर मन्त्री ने कहा–देव! वाराणसी–युद्ध के अन्यतम वीर सिंहमित्र की यह एक–मात्र कन्या है।–महाराज चौंक उठे–सिंहमित्र की कन्या! जिसने मगध के सामने कोशल की लाज रख ली थी, उसी वीर की मधूलिका कन्या है?

हाँ, देव! –सविनय मन्त्री ने कहा।

इस उत्सव के परामपरागत नियम क्या हैं, मन्त्रिवर?–महाराज ने पूछा।

देव, नियम तो बहुत साधारण हैं। किसी भी अच्छी भूमि को इस उत्सव

के लिए चुनकर नियमानुसार पुरस्कार–स्वरूप उसका मूल्य दे दिया जाता है। वह भी अत्यन्त अनुग्रहपूर्वक अर्थात् भू–सम्पत्ति का चौगुना मूल्य उसे मिलता है। उस खेती को वही व्यक्ति वर्ष भर देखता है। वह राजा का खेत कहा जाता है।

महाराज को विचार–संघर्ष से विश्राम की अत्यन्त आवश्यकता थी। महाराज चुप रहे। जयघोष के साथ सभा विसर्जित हुई। सब अपने–अपने शिविरों में चले गये। किन्तु मधूलिका को उत्सव में फिर किसी ने न देखा। वह अपने खेत की सीमा पर विशाल मधूक–वृक्ष के चिकने हरे पत्तों की छाया में अनमनी चुपचाप बैठी रही।

रात्रि का उत्सव अब विश्राम ले रहा था। राजकुमार अरुण उसमें सम्मिलित नहीं हुआ–अपने विश्राम–भवन में जागरण कर रहा था। आँखों में नींद न थी। प्राची में जैसी गुलाली खिल रही थी, वह रंग उसकी आँखों में था। सामने देखा तो मुण्डेर पर कपोती एक पैर पर खड़ी पंख फैलाये अँगड़ाई ले रही थी। अरुण उठ खड़ा हुआ। द्वार पर सुसज्जित अश्व था, वह देखते–देखते नगर–तोरण पर जा पहुँचा। रक्षक–गण ऊँघ रहे थे, अश्व के पैरों के शब्द से चौंक उठे।

युवक–कुमार तीर–सा निकल गया। सिन्धुदेश का तुरंग प्रभात के पवन से पुलकित हो रहा था। घूमता–घूमता अरुण उसी मधूक–वृक्ष के नीचे पहुँचा, जहाँ मधूलिका अपने हाथ पर सिर धरे हुए खिन्न–निद्रा का सुख ले रही थी।

अरुण ने देखा, एक छिन्न माधवीलता वृक्ष की शाखा से च्युत होकर पड़ी है। सुमन मुकुलित, भ्रमर निस्पन्द थे। अरुण ने अपने अश्व को मौन रहने का संकेत किया, उस सुषमा को देखने लिए, परन्तु कोकिल बोल उठा। जैसे उसने अरुण से प्रश्न किया–छिः, कुमारी के सोये हुए

सौन्दर्य पर दृष्टिपात करनेवाले धृष्ट, तुम कौन? मधूलिका की आँखे खुल पड़ीं। उसने देखा, एक अपरिचित युवक। वह संकोच से उठ बैठी। –भद्रे! तुम्हीं न कल के उत्सव की संचालिका रही हो?

उत्सव! हाँ, उत्सव ही तो था।

कल उस सम्मान

क्यों आपको कल का स्वप्न सता रहा है? भद्र! आप क्या मुझे इस अवस्था में सन्तुष्ट न रहने देंगे?

मेरा हृदय तुम्हारी उस छवि का भक्त बन गया है, देवि!

मेरे उस अभिनय का–मेरी विडम्बना का। आह! मनुष्य कितना निर्दय है, अपरिचित! क्षमा करो, जाओ अपने मार्ग।

सरलता की देवि! मैं मगध का राजकुमार तुम्हारे अनुग्रह का प्रार्थी हूँ– मेरे हृदय की भावना अवगुण्ठन में रहना नहीं जानती। उसे अपनी।

राजकुमार! मैं कृषक–बालिका हूँ। आप नन्दनबिहारी और मैं पृथ्वी पर परिश्रम करके जीनेवाली। आज मेरी स्नेह की भूमि पर से मेरा अधिकार छीन लिया गया है। मैं दुःख से विकल हूँ, मेरा उपहास न करो।

मैं कोशल–नरेश से तुम्हारी भूमि तुम्हें दिलवा दूंगा।

नहीं, वह कोशल का राष्ट्रीय नियम है। मैं उसे बदलना नहीं चाहती– चाहे उससे मुझे कितना ही दुःख हो।

तब तुम्हारा रहस्य क्या है?

यह रहस्य मानव–हृदय का है, मेरा नहीं। राजकुमार, नियमों से यदि मानव–हृदय बाध्य होता, तो आज मगध के राजकुमार का हृदय किसी राजकुमारी की ओर न खिंच कर एक कृषक–बालिका का अपमान करने न आता। मधूलिका उठ खड़ी हुई।

चोट खाकर राजकुमार लौट पड़ा। किशोर किरणों में उसका रत्नकिरीट

चमक उठा। अश्व वेग से चला जा रहा था और मधूलिका निष्ठुर प्रहार करके क्या स्वयं आहत न हुई? उसके हृदय में टीस–सी होने लगी। वह सजल नेत्रों से उड़ती हुई धूल देखने लगी।

मधूलिका ने राजा का प्रतिपादन, अनुग्रह नहीं लिया। वह दूसरे खेतों में काम करती और चौथे पहर रूखी–सूखी खाकर पड़ रहती। मधूक–वृक्ष के नीचे छोटी–सी पर्णकुटीर थी। सूखे डंठलों से उसकी दीवार बनी थी। मधूलिका का वही आश्रय था। कठोर परिश्रम से जो रूखा अन्न मिलता, वही उसकी साँसों को बढ़ाने के लिए पर्याप्त था।

दुबली होने पर भी उसके अंग पर तपस्या की कान्ति थी। आस–पास के कृषक उसका आदर करते। वह एक आदर्श बालिका थी। दिन, सप्ताह, महीने और वर्ष बीतने लगे।

शीतकाल की रजनी, मेघों से भरा आकाश, जिसमें बिजली की दौड़–धूप। मधूलिका का छाजन टपक रहा था! ओढ़ने की कमी थी। वह ठि. ठुरकर एक कोने में बैठी थी। मधूलिका अपने अभाव को आज बढ़ाकर सोच रही थी। जीवन से सामंजस्य बनाये रखने वाले उपकरण तो अपनी सीमा निर्धारित रखते हैं, परन्तु उनकी आवश्यकता और कल्पना भावना के साथ बढ़ती–घटती रहती है। आज बहुत दिनों पर उसे बीती हुई बात स्मरण हुई। दो, नहीं–नहीं, तीन वर्ष हुए होंगे, इसी मधूक के नीचे प्रभात में–तरुण राजकुमार ने क्या कहा था?

वह अपने हृदय से पूछने लगी–उन चाटुकारी के शब्दों को सुनने के लिए उत्सुक–सी वह पूछने लगी–क्या कहा था? दुरूख–दग्ध हृदय उन स्वप्न–सी बातों को स्मरण रख सकता था? और स्मरण ही होता, तो भी कष्टों की इस काली निशा में वह कहने का साहस करता। हाय री बिडम्बना!

आज मधूलिका उस बीते हुए क्षण को लौटा लेने के लिए विकल थी। दारिद्रय की ठोकरों ने उसे व्यथित और अधीर कर दिया है। मगध की प्रासाद–माला के वैभव का काल्पनिक चित्र–उन सूखे डंठलों के रन्ध्रों से, नभ में–बिजली के आलोक में–नाचता हुआ दिखाई देने लगा। खिलवाड़ी शिशु जैसे श्रावण की सन्ध्या में जुगनू को पकड़ने के लिए हाथ लपकाता है, वैसे ही मधूलिका मन–ही–मन कर रही थी। 'अभी वह निकल गया'। वर्षा ने भीषण रूप धारण किया। गड़गड़ाहट बढ़ने लगीय ओले पड़ने की सम्भावना थी। मधूलिका अपनी जर्जर झोपड़ी के लिए काँप उठी। सहसा बाहर कुछ शब्द हुआ–

कौन है यहाँ? पथिक को आश्रय चाहिए।

मधूलिका ने डंठलों का कपाट खोल दिया। बिजली चमक उठी। उसने देखा, एक पुरुष घोड़े की डोर पकड़े खड़ा है। सहसा वह चिल्ला उठी–राजकुमार!

मधूलिका?–आश्चर्य से युवक ने कहा।

एक क्षण के लिए सन्नाटा छा गया। मधूलिका अपनी कल्पना को सहसा प्रत्यक्ष देखकर चकित हो गई –इतने दिनों के बाद आज फिर! अरुण ने कहा–कितना समझाया मैंने–परन्तु मधूलिका अपनी दयनीय अवस्था पर संकेत करने देना नहीं चाहती थी। उसने कहा–और आज आपकी यह क्या दशा है?

सिर झुकाकर अरुण ने कहा–मैं मगध का विद्रोही निर्वासित कोशल में जीविका खोजने आया हूँ।

मधूलिका उस अन्धकार में हँस पड़ी–मगध का विद्रोही राजकुमार का स्वागत करे एक अनाथिनी कृषक–बालिका, यह भी एक विडम्बना है, तो भी मैं स्वागत के लिए प्रस्तुत हूँ।

शीतकाल की निस्तब्ध रजनी, कुहरे से धुली हुई चाँदनी, हाड़ कँपा देनेवाला समीर, तो भी अरुण और मधूलिका दोनों पहाड़ी गह्वर के द्वार पर वट–वृक्ष के नीचे बैठे हुए बातें कर रहे हैं। मधूलिका की वाणी में उत्साह था, किन्तु अरुण जैसे अत्यन्त सावधान होकर बोलता।

मधूलिका ने पूछा–जब तुम इतनी विपन्न अवस्था में हो, तो फिर इतने सैनिकों को साथ रखने की क्या आवश्यकता है?

मधूलिका! बाहुबल ही तो वीरों की आजीविका है। ये मेरे जीवन–मरण के साथी हैं, भला मैं इन्हें कैसे छोड़ देता? और करता ही क्या?

क्यों? हम लोग परिश्रम से कमाते और खाते। अब तो तुम।

भूल न करो, मैं अपने बाहुबल पर भरोसा करता हूँ। नये राज्य की स्थापना कर सकता हूँ। निराश क्यों हो जाऊँ?–अरुण के शब्दों में कम्पन था, वह जैसे कुछ कहना चाहता था, पर कह न सकता था।

नवीन राज्य! ओहो, तुम्हारा उत्साह तो कम नहीं। भला कैसे? कोई ढंग बताओ, तो मैं भी कल्पना का आनन्द ले लूँ।

कल्पना का आनन्द नहीं मधूलिका, मैं तुम्हे राजरानी के सम्मान में सिंहासन पर बिठाऊँगा! तुम अपने छिने हुए खेत की चिन्ता करके भयभीत न हो।

एक क्षण में सरल मधूलिका के मन में प्रमाद का अन्धड़ बहने लगा–द्वन्द्व मच गया। उसने सहसा कहा–आह, मैं सचमुच आज तक तुम्हारी प्रतीक्षा करती थी, राजकुमार!

अरुण ढिठाई से उसके हाथों को दबाकर बोला–तो मेरा भ्रम था, तुम सचमुच मुझे प्यार करती हो?

युवती का वक्षस्थल फूल उठा, वह हाँ भी नहीं कह सकी, ना भी नहीं। अरुण ने उसकी अवस्था का अनुभव कर लिया। कुशल मनुष्य के समान

उसने अवसर को हाथ से न जाने दिया। तुरन्त बोल उठा–तुम्हारी इच्छा हो, तो प्राणों से पण लगाकर मैं तुम्हें इस कोशल–सिंहासन पर बिठा दूँ। मधूलिके! अरुण के खड्ग का आतंक देखोगी?–मधूलिका एक बार काँप उठी। वह कहना चाहती थीनहीं, किन्तु उसके मुँह से निकला–क्या?

सत्य मधूलिका, कोशल–नरेश तभी से तुम्हारे लिए चिन्तित हैं। यह मैं जानता हूँ, तुम्हारी साधारण–सी प्रार्थना वह अस्वीकार न करेंगे। और मुझे यह भी विदित है कि कोशल के सेनापति अधिकांश सैनिको के साथ पहाड़ी दस्युओं का दमन करने के लिए बहुत दूर चले गये हैं।

मधूलिका की आँखों के आगे बिजलियाँ हँसने लगी। दारुण भावना से उसका मस्तक विकृत हो उठा। अरुण ने कहा–तुम बोलती नहीं हो?

जो कहोगे, वह करूँगीमन्त्रमुग्ध–सी मधूलिका ने कहा।

स्वर्णमञ्च पर कोशल–नरेश अर्द्धनिद्रित अवस्था में आँखे मुकुलित किये हैं। एक चामधारिणी युवती पीछे खड़ी अपनी कलाई बड़ी कुशलता से घुमा रही है। चामर के शुभ्र आन्दोलन उस प्रकोष्ठ में धीरे–धीरे स्वर्णमंच हो रहे हैं। ताम्बूल–वाहिनी प्रतिमा के समान दूर खड़ी है।

प्रतिहारी ने आकर कहा–जय हो देव! एक स्त्री कुछ प्रार्थना लेकर आई है।

आँख खोलते हुए महाराज ने कहा–स्त्री! प्रार्थना करने आई? आने दो।

प्रतिहारी के साथ मधूलिका आई। उसने प्रणाम किया। महाराज ने स्थिर दृष्टि से उसकी ओर देखा और कहा–तुम्हें कहीं देखा है?

तीन बरस हुए देव! मेरी भूमि खेती के लिए ली गई थी।

ओह, तो तुमने इतने दिन कष्ट में बिताये, आज उसका मूल्य माँगने

आई हो, क्यों? अच्छा–अच्छा तुम्हें मिलेगा। प्रतिहारी!

नहीं महाराज, मुझे मूल्य नहीं चाहिए।

मूर्ख! फिर क्या चाहिए?

उतनी ही भूमि, दुर्ग के दक्षिणी नाले के समीप की जंगली भूमि, वहीं मैं अपनी खेती करूँगी। मुझे एक सहायक मिल गया है। वह मनुष्यों से मेरी सहायता करेगा, भूमि को समतल भी बनाना होगा।

महाराज ने कहा–कृषक बालिके! वह बड़ी उबड़–खाबड़ भूमि है। तिस पर वह दुर्ग के समीप एक सैनिक महत्त्व रखती है।

तो फिर निराश लौट जाऊँ?

सिंहमित्र की कन्या! मैं क्या करूँ, तुम्हारी यह प्रार्थना

देव! जैसी आज्ञा हो!

जाओ, तुम श्रमजीवियों को उसमें लगाओ। मैं अमात्य को आज्ञापत्र देने का आदेश करता हूँ।

जय हो देव!–कहकर प्रणाम करती हुई मधूलिका राजमन्दिर के बाहर आई।

दुर्ग के दक्षिण, भयावने नाले के तट पर, घना जंगल है, आज मनुष्यों के पद–संचार से शून्यता भंग हो रही थी। अरुण के छिपे वे मनुष्य स्वतन्त्रता से इधर–उधर घूमते थे। झाड़ियों को काट कर पथ बन रहा था। नगर दूर था, फिर उधर यों ही कोई नहीं आता था। फिर अब तो महाराज की आज्ञा से वहाँ मधूलिका का अच्छा–सा खेत बन रहा था। तब इधर की किसको चिन्ता होती?

एक घने कुंज में अरुण और मधूलिका एक दूसरे को हर्षित नेत्रों से देख रहे थे। सन्ध्या हो चली थी। उस निविड़ वन में उन नवागत मनुष्यों को देखकर पक्षीगण अपने नीड़ को लौटते हुए

अधिक कोलाहल कर रहे थे।

प्रसन्नता से अरुण की आँखे चमक उठीं। सूर्य की अन्तिम किरण झुरमुट में घुसकर मधूलिका के कपोलों से खेलने लगी। अरुण ने कहा–चार प्रहर और, विश्वास करो, प्रभात में ही इस जीर्ण–कलेवर कोशल–राष्ट्र की राजधानी श्रावस्ती में तुम्हारा अभिषेक होगा और मगध से निर्वासित मैं एक स्वतन्त्र राष्ट्र का अधिपति बनूँगा, मधूलिके!

भयानक! अरुण, तुम्हारा साहस देखकर मैं चकित हो रही हूँ। केवल सौ सैनिकों से तुम

रात के तीसरे प्रहर मेरी विजय–यात्रा होगी।

तो तुमको इस विजय पर विश्वास है?

अवश्य, तुग अपनी झोपड़ी में यह रात बिताओय प्रभात से तो राज–मन्दिर ही तुम्हारा लीला–निकेतन बनेगा।

मधूलिका प्रसन्न थी, किन्तु अरुण के लिए उसकी कल्याण–कामना सशंक थी। वह कभी–कभी उद्विग्न–सी होकर बालकों के समान प्रश्न कर बैठती। अरुण उसका समाधान कर देता। सहसा कोई संकेत पाकर उसने कहा–अच्छा, अन्धकार अधिक हो गया। अभी तुम्हें दूर जाना है और मुझे भी प्राण–पण से इस अभियान के प्रारम्भिक कार्यों को अर्द्धरात्रि तक पूरा कर लेना चाहिए, तब रात्रि भर के लिए विदा! मधूलिके!

मधूलिका उठ खड़ी हुई। कँटीली झाड़ियों से उलझती हुई क्रम से, बढ़नेवाले अन्धकार में वह झोपड़ी की ओर चली।

पथ अन्धकारमय था और मधूलिका का हृदय भी निविड़–तम से घिरा था। उसका मन सहसा विचलित हो उठा, मधुरता नष्ट हो गई। जितनी सुख–कल्पना थी, वह जैसे अन्धकार में विलीन होने लगी। वह भयभीत

थी, पहला भय उसे अरुण के लिए उत्पन्न हुआ, यदि वह सफल न हुआ तो? फिर सहसा सोचने लगी–वह क्यों सफल हो? श्रावस्ती दुर्ग एक विदेशी के अधिकार में क्यों चला जाय? मगध का चिरशत्रु! ओह, उसकी विजय! कोशल–नरेश ने क्या कहा था–'सिंहमित्र की कन्या।' सिंहमित्र, कोशल का रक्षक वीर, उसी की कन्या आज क्या करने जा रही है? नहीं, नहीं, मधूलिका! मधूलिका!!' जैसे उसके पिता उस अन्धकार में पुकार रहे थे। वह पगली की तरह चिल्ला उठी। रास्ता भूल गई। रात एक पहर बीत चली, पर मधूलिका अपनी झोपड़ी तक न पहुँची। वह उधेड़बुन में विक्षिप्त–सी चली जा रही थी। उसकी आँखों के सामने कभी सिंहमित्र और कभी अरुण की मूर्ति अन्धकार में चित्रित होती जाती। उसे सामने आलोक दिखाई पड़ा। वह बीच पथ में खड़ी हो गई। प्राय, एक सौ उल्काधारी अश्वारोही चले आ रहे थे और आगे–आगे एक वीर अधेड़ सैनिक था। उसके बायें हाथ में अश्व की वल्गा और दाहिने हाथ में नग्न खड्ग। अत्यन्त धीरता से वह टुकड़ी अपने पथ पर चल रही थी। परन्तु मधूलिका बीच पथ से हिली नहीं। प्रमुख सैनिक पास आ गयाय पर मधूलिका अब भी नहीं हटी। सैनिक ने अश्व रोककर कहा–कौन? कोई उत्तर नहीं मिला। तब तक दूसरे अश्वारोही ने सड़क पर कहा–तू कौन है, स्त्री? कोशल के सेनापति को उत्तर शीघ्र दे।

रमणी जैसे विकार–ग्रस्त स्वर में चिल्ला उठी–बाँध लो, मुझे बाँध लो! मेरी हत्या करो। मैंने अपराध ही ऐसा किया है।

सेनापति हँस पड़े, बोले–पगली है।

पगली नहीं, यदि वही होती, तो इतनी विचार–वेदना क्यों होती? सेनापति! मुझे बाँध लो। राजा के पास ले चलो।

क्या है, स्पष्ट कह!

श्रावस्ती का दुर्ग एक प्रहर में दस्युओं के हस्तगत हो जायेगा। दक्षिणी नाले के पार उनका आक्रमण होगा।

सेनापति चौंक उठे। उन्होंने आश्चर्य से पूछा–तू क्या कह रही है?

मैं सत्य कह रही हूँ, शीघ्रता करो।

सेनापति ने अस्सी सैनिकों को नाले की ओर धीरे–धीरे बढ़ने की आज्ञा दी और स्वयं बीस अश्वारोहियों के साथ दुर्ग की ओर बढ़े। मधूलिका एक अश्वारोही के साथ बाँध दी गई।

श्रावस्ती का दुर्ग, कोशल राष्ट्र का केन्द्र, इस रात्रि में अपने विगत वैभव का स्वप्न देख रहा था। भिन्न राजवंशों ने उसके प्रान्तों पर अधिकार जमा लिया है। अब वह केवल कई गाँवों का अधिपति है। फिर भी उसके साथ कोशल के अतीत की स्वर्ण–गाथाएँ लिपटी हैं। वही लोगों की ईर्ष्या का कारण है। जब थोड़े से अश्वारोही बड़े वेग से आते हुए दुर्ग–द्वार पर रुके, तब दुर्ग के प्रहरी चौंक उठे। उल्का के आलोक में उन्होंने सेनापति को पहचाना, द्वार खुला। सेनापति घोड़े की पीठ से उतरे। उन्होंने कहा–अग्निसेन! दुर्ग में कितने सैनिक होंगे?

सेनापति की जय हो! दो सौ।

उन्हें शीघ्र ही एकत्र करो, परन्तु बिना किसी शब्द के। सौ को लेकर तुम शीघ्र ही चुपचाप दुर्ग के दक्षिण की ओर चलो। आलोक और शब्द न हों।

सेनापति ने मधूलिका की ओर देखा। वह खोल दी गई। उसे अपने पीछे आने का संकेत कर सेनापति राजमन्दिर की ओर बढ़े। प्रतिहारी ने सेनापति को देखते ही महाराज को सावधान किया। वह अपनी सुख–निद्रा के लिये प्रस्तुत हो रहे थे, किन्तु सेनापति और साथ में मधूलिका को देखते ही चंचल हो उठे। सेनापति ने कहा–जय हो देव!

इस स्त्री के कारण मुझे इस समय उपस्थित होना पड़ा है।

महाराज ने स्थिर नेत्रों से देखकर कहा–सिंहमित्र की कन्या! फिर यहाँ क्यों? क्या तुम्हारा क्षेत्र नहीं बन रहा है? कोई बाधा? सेनापति! मैंने दुर्ग के दक्षिणी नाले के समीप की भूमि इसे दी है। क्या उसी सम्बन्ध में तुम कहना चाहते हो?

देव! किसी गुप्त शत्रु ने उसी ओर से आज की रात में दुर्ग पर अधिकार कर लेने का प्रबन्ध किया है और इसी स्त्री ने मुझे पथ में यह सन्देश दिया है।

राजा ने मधूलिका की ओर देखा। वह काँप उठी। घृणा और लज्जा से वह गड़ी जा रही थी। राजा ने पूछा–मधूलिका, यह सत्य है!

हाँ, देव!

राजा ने सेनापति से कहा–सैनिकों को एकत्र करके तुम चलो मैं अभी आता हूँ। सेनापति के चले जाने पर राजा ने कहा–सिंहमित्र की कन्या! तुमने एक बार फिर कोशल का उपकार किया। यह सूचना देकर तुमने पुरस्कार का काम किया है। अच्छा, तुम यहीं ठहरो। पहले उन आततताईयों का प्रबन्ध कर लूँ।

अपने साहसिक अभियान में अरुण बन्दी हुआ और दुर्ग उल्का के आलोक में अतिरंजित हो गया। भीड़ ने जयघोष किया। सबके मन में उल्लास था। श्रावस्ती–दुर्ग आज एक दस्यु के हाथ में जाने से बचा था। आबाल–वृद्ध–नारी आनन्द से उन्मत्त हो उठे।

ऊषा के आलोक में सभा–मण्डप दर्शकों से भर गया। बन्दी अरुण को देखते ही जनता ने रोष से हूँकार करते हुए कहा–'वध करो!' राजा ने सबसे सहमत होकर आज्ञा दी–'प्राण दण्ड।' मधूलिका बुलायी गई। वह पगली–सी आकर खड़ी हो गई। कोशल–

नरेश ने पूछा–मधूलिका, तुझे जो पुरस्कार लेना हो, माँग। वह चुप रही।

राजा ने कहा–मेरी निज की जितनी खेती है, मैं सब तुझे देता हूँ। मधूलिका ने एक बार बन्दी अरुण की ओर देखा। उसने कहा–मुझे कुछ न चाहिए। अरुण हँस पड़ा। राजा ने कहा–नहीं, मैं तुझे अवश्य दूँगा। माँग ले।

तो मुझे भी प्राणदण्ड मिले। कहती हुई वह बन्दी अरुण के पास जा खड़ी हुई।

❑❑❑

# मधुआ

आज सात दिन हो गये, पीने को कौन कहे–छुआ तक नहीं! आज सातवाँ दिन है, सरकार!

तुम झूठे हो। अभी तो तुम्हारे कपड़े से महँक आ रही है।

वह वह तो कई दिन हुए। सात दिन से ऊपर–कई दिन हुए–अन्धेरे में बोतल उँड़ेलने लगा था। कपड़े पर गिर जाने से नशा भी न आया। और आपको कहने काक्या कहूँ सच मानिए। सात दिन–ठीक सात दिन से एक बूँद भी नहीं।

ठाकुर सरदार सिंह हँसने लगे। लखनऊ में लड़का पढ़ता था। ठाकुर साहब भी कभी–कभी वहीं आ जाते। उनको कहानी सुनने का चसका था। खोजने पर यही शराबी मिला। वह रात को, दोपहर में, कभी–कभी सवेरे भी आता। अपनी लच्छेदार कहानी सुनाकर ठाकुर साहब का मनो–विनोद करता।

ठाकुर ने हँसते हुए कहा–तो आज पियोगे न!

झूठ कैसे कहूँ। आज तो जितना मिलेगा, सब पिऊँगा। सात दिन चने–चबेने पर बिताये हैं, किसलिए।

अद्‌भुत! सात दिन पेट काटकर आज अच्छा भोजन न करके तुम्हें पीने की सूझी! यह भी

सरकार! मौज–बहार की एक घड़ी, एक लम्बे दुखपूर्ण जीवन से अच्छी है। उसकी खुमारी में रूखे दिन काट लिये जा सकते हैं।

अच्छा, आज दिन भर तुमने क्या–क्या किया है?

मैंने?–अच्छा सुनिये–सवेरे कुहरा पड़ता था, मेरे धुँआ से कम्बल–सा वह भी सूर्य के चारों ओर लिपटा था। हम दोनों मुँह छिपाये पड़े थे। ठाकुर साहब ने हँसकर कहा–अच्छा, तो इस मुँह छिपाने का कोई कारण?

सात दिन से एक बूँद भी गले न उतरी थी। भला मैं कैसे मुँह दिखा सकता था! और जब बारह बजे धूप निकली, तो फिर लाचारी थी! उठा, हाथ–मुँह धोने में जो दुःख हुआ, सरकार, वह क्या कहने की बात है! पास में पैसे बचे थे। चना चबाने से दाँत भाग रहे थे। कट–कटी लग रही थी। पराठेवाले के यहाँ पहुँचा, धीरे–धीरे खाता रहा और अपने को सेंकता भी रहा। फिर गोमती किनारे चला गया! घूमते–घूमते अँध ेरा हो गया, बूँदें पड़ने लगीं, तब कहीं भाग के आपके पास आ गया।

अच्छा, जो उस दिन तुमने गड़रियेवाली कहानी सुनाई थी, जिसमें आसफुद्दौला ने उसकी लड़की  का आँचल भुने हुए भुट्टे के दाने के बदले मोतियों से भर दिया था! वह क्या सच है?

सच! अरे, वह गरीब लड़की भूख से उसे चबाकर थू–थू करने लगी! रोने लगी! ऐसी निर्दयी दिल्लगी बड़े लोग कर ही बैठते हैं। सुना है श्री रामचन्द्र ने भी हनुमान जी से ऐसा ही

ठाकुर साहब ठठाकर हँसने लगे। पेट पकड़कर हँसते–हँसते लोट गये। साँस बटोरते हुए सम्हलकर बोले–और बड़प्पन कहते किसे हैं?

कंगाल तो कंगाल! गधी लड़की! भला उसने कभी मोती देखे थे, चबाने लगी होगी। मैं सच कहता हूँ, आज तक तुमने जितनी कहानियाँ सुनाई, सब में बड़ी टीस थी। शाहजादों के दुखड़े, रंग–महल की अभागिनी बेगमों के निष्फल प्रेम, करुण कथा और पीड़ा से भरी हुई कहानियाँ ही तुम्हें आती हैं, पर ऐसी हँसाने वाली कहानी और सुनाओ, तो मैं अपने सामने ही बढ़िया शराब पिला सकता हूँ।

सरकार! बूढ़ों से सुने हुए वे नवाबी के सोने–से दिन, अमीरों की रंग–रेलियाँ, दुखियों की दर्द–भरी आहें, रंगमहलों में घुल–घुल कर मरनेवाली बेगमें, अपने–आप सिर में चक्कर काटती रहती हैं। मैं उनकी पीड़ा से रोने लगता हूँ। अमीर कंगाल हो जाते हैं। बड़े–बड़ों के घमण्ड चूर होकर धूल में मिल जाते हैं। तब भी दुनिया बड़ी पागल है। मैं उसके पागलपन को भुलाने के लिए शराब पीने लगता हूँ–सरकार! नहीं तो यह बुरी बला कौन अपने गले लगाता!

ठाकुर साहब ऊँघने लगे थे। अँगीठी में कोयला दहक रहा था। शराबी सर्दी से ठिठुरा जा रहा था। वह हाथ सेंकने लगा। सहसा नींद से चौंककर ठाकुर साहब ने कहा–अच्छा जाओ, मुझे नींद लग रही है। वह देखो, एक रुपया पड़ा है, उठा लो। लल्लू को भेजते जाओ।

शराबी रुपया उठाकर धीरे से खिसका। लल्लू था ठाकुर साहब का जमादार। उसे खोजते हुए जब वह फाटक पर की बगलवाली कोठरी के पास पहुँचा, तो सुकुमार कण्ठ से सिसकने का शब्द सुनाई पड़ा। वह खड़ा होकर सुनने लगा।

तो सूअर, रोता क्यों है? कुँवर साहब ने दो ही लातें लगाई हैं! कुछ गोली तो नहीं मार दी? कर्कश स्वर से लल्लू बोल रहा था, किन्तु उत्तर में सिसकियों के साथ एकाध हिचकी ही सुनाई पड़ जाती थी।

अब और भी कठोरता से लल्लू ने कहा—मधुआ! जा सो रह, नखरा न कर, नहीं तो उठूँगा तो खाल उधेड़ दूँगा! समझा न?

शराबी चुपचाप सुन रहा था। बालक की सिसकी और बढ़ने लगी। फिर उसे सुनाई पड़ा—ले, अब भागता है कि नहीं? क्यों मार खाने पर तुला है?

भयभीत बालक बाहर चला आ रहा था! शराबी ने उसके छोटे से सुन्दर गोरे मुँह को देखा। आँसू की बूँदें ढुलक रही थीं। बड़े दुलार से उसका मुँह पोंछते हुए उसे लेकर वह फाटक के बाहर चला आया। दस बज रहे थे। कड़ाके की सर्दी थी। दोनों चुपचाप चलने लगे। शराबी की मौन सहानुभूति को उस छोटे—से सरल हृदय ने स्वीकार कर लिया। वह चुप हो गया। अभी वह एक तंग गली पर रुका ही था कि बालक के फिर से सिसकने की उसे आहट लगी। वह झिड़ककर बोल उठा—अब क्या रोता है रे छोकरे?

मैंने दिन भर से कुछ खाया नहीं।

कुछ खाया नहीं, इतने बड़े अमीर के यहाँ रहता है और दिन भर तुझे खाने को नहीं मिला?

यही कहने तो मैं गया था जमादार के पास, मार तो रोज ही खाता हूँ। आज तो खाना ही नहीं मिला। कुँवर साहब का ओवरकोट लिए खेल में दिन भर साथ रहा। सात बजे लौटा, तो और भी नौ बजे तक कुछ काम करना पड़ा। आटा रख नहीं सका था। रोटी बनती तो कैसे! जमादार से कहने गया था! भूख की बात कहते—कहते बालक के ऊपर उसकी दीनता और भूख ने एक साथ ही जैसे आक्रमण कर दिया, वह फिर हिचकियाँ लेने लगा।

शराबी उसका हाथ पकड़कर घसीटता हुआ गली में ले चला। एक गन्दी कोठरी का दरवाजा ढकेलकर बालक को लिए हुए वह भीतर पहुँचा। टटोलते हुए सलाई से मिट्टी की ढेबरी जलाकर वह फटे कम्बल के नीचे से कुछ खोजने लगा। एक पराठे का टुकड़ा मिला! शराबी उसे बालक के हाथ में देकर बोला–तब तक तू इसे चबा, मैं तेरा गढ़ा भरने के लिए कुछ और ले आऊँ–सुनता है रे छोकरे! रोना मत, रोयेगा तो खूब पीटूँगा। मुझसे रोने से बड़ा बैर है। पाजी कहीं का, मुझे भी रुलाने का शराबी गली के बाहर भागा। उसके हाथ में एक रुपया था। बारह आने का एक देशी अद्धा और दो आने की चायदो आने की पकौड़ी नहीं–नहीं, आलू–मटरअच्छा, न सही, चारों आने का मांस ही ले लूँगा, पर यह छोकरा! इसका गढ़ा जो भरना होगा, यह कितना खायगा और क्या खायेगा। ओह! आज तक तो कभी मैंने दूसरों के खाने का सोच–विचार किया ही नहीं। तो क्या ले चलूँ?–पहले एक अद्धा तो ले लूँ। इतना सोचते–सोचते उसकी आँखों पर बिजली के प्रकाश की झलक पड़ी। उसने अपने को मिठाई की दूकान पर खड़ा पाया। वह शराब का अद्धा लेना भूलकर मिठाई–पूरी खरीदने लगा। नमकीन लेना भी न भूला। पूरा एक रुपये का सामान लेकर वह दूकान से हटा। जल्द पहुँचने के लिए एक तरह से दौड़ने लगा। अपनी कोठरी में पहुँचकर उसने दोनों की पाँत बालक के सामने सजा दी। उनकी सुगन्ध से बालक के गले में एक तरावट पहुँची। वह मुस्कराने लगा। शराबी ने मिट्टी की गगरी से पानी उँड़ेलते हुए कहा–नटखट कहीं का, हँसता है, सोंधी बास नाक में पहुँची न! ले खूब, ठूँसकर खा ले, और फिर रोया कि पीटा!

दोनों ने, बहुत दिन पर मिलनेवाले दो मित्रों की तरह साथ बैठकर

भरपेट खाया। सीली जगह में सोते हुए बालक ने शराबी का पुराना बड़ा कोट ओढ़ लिया था। जब उसे नींद आ गई, तो शराबी भी कम्बल तानकर बड़बड़ाने लगा। सोचा था, आज सात दिन पर भरपेट पीकर सोऊँगा, लेकिन यह छोटा–सा रोना पाजी, न जाने कहाँ से आ धमका? एक चिन्तापूर्ण आलोक में आज पहले पहल शराबी ने आँख खोलकर कोठरी में बिखरी हुई दारिद्रय की विभूति को देखा और देखा उस घुटनों से ठुड्डी लगाये हुए निरीह बालक को,उसने तिलमिलाकर मन–ही–मन प्रश्न किया–किसने ऐसे सुकुमार फूल को कष्ट देने के लिए निर्दयता की सृष्टि की? आह री नियति! तब इसको लेकर मुझे घर–बारी बनना पड़ेगा क्या? दुर्भाग्य! जिसे मैंने कभी सोचा भी न था। मेरी इतनी माया–ममता–जिस पर, आज तक केवल बोतल का ही पूरा अधिकार था–इसका पक्ष क्यों लेने लगी? इस छोटे–से पाजी ने मेरे जीवन के लिए कौन–सा इन्द्रजाल रचने का बीड़ा उठाया है? तब क्या करूँ? कोई काम करूँ? कैसे दोनों का पेट चलेगा? नहीं, भगा दूँगा इसे–आँख तो खोले?

बालक अँगड़ाई ले रहा था। वह उठ बैठा। शराबी ने कहा–ले उठ, कुछ खा ले, अभी रात का बचा हुआ है, और अपनी राह देख! तेरा नाम क्या है रे? बालक ने सहज हँसी हँसकर कहा–मधुआ! भला हाथ–मुँह भी न धोऊँ। खाने लगूँ? और जाऊँगा कहाँ?

आह! कहाँ बताऊँ इसे कि चला जाय! कह दूँ कि भाड़ में जाय किन्तु वह आज तक दुःख की भठ्ठी में जलता ही तो रहा है। तो वह चुपचाप घर से झल्लाकर सोचता हुआ निकला–ले पाजी, अब यहाँ लौटूँगा ही नहीं। तू ही इस कोठरी में रह!

शराबी घर से निकला। गोमती–किनारे पहुँचने पर उसे स्मरण हुआ कि

वह कितनी ही बातें सोचता आ रहा था, पर कुछ भी सोच न सका। हाथ–मुँह धोने में लगा। उजली धूप निकल आई थी। वह चुपचाप गोमती की धारा को देख रहा था। धूप की गरमी से सुखी होकर वह चिन्ता भुलाने का प्रयत्न कर रहा था कि किसी ने पुकारा– भले आदमी रहे कहाँ? सालों पर दिखाई पड़े। तुमको खोजते–खोजते मैं थक गया। शराबी ने चौंककर देखा। वह कोई जान–पहचान का तो मालूम होता था, पर कौन है, यह ठीक–ठीक न जान सका।

उसने फिर कहा–तुम्हीं से कह रहे हैं। सुनते हो, उठा ले जाओ अपनी सान धरने की कल, नहीं तो सड़क पर फेंक दूँगा। एक ही तो कोठरी, जिसका मैं दो रुपये किराया देता हूँ, उसमें क्या मुझे अपना कुछ रखने के लिए नहीं है?

ओहो? रामजी, तुम हो भाई, मैं भूल गया था। तो चलो, आज ही उसे उठा लाता हूँ।–कहते हुए शराबी ने सोचा–अच्छी रही, उसी को बेचकर कुछ दिनों तक काम चलेगा।

गोमती नहाकर, रामजी, पास ही अपने घर पर पहुँचा। शराबी की कल देते हुए उसने कहा–ले जाओ, किसी तरह मेरा इससे पिण्ड छूटे।

बहुत दिनों पर आज उसको कल ढोना पड़ा। किसी तरह अपनी कोठरी में पहुँचकर उसने देखा कि बालक बैठा है। बड़बड़ाते हुए उसने पूछा–क्यों रे, तूने कुछ खा लिया कि नहीं? भर–पेट खा चुका हूँ, और वह देखो तुम्हारे लिए भी रख दिया है। कह कर उसने अपनी स्वाभाविक मधुर हँसी से उस रूखी कोठरी को तर कर दिया। शराबी एक क्षण चुप रहा। फिर चुपचाप जल–पान करने लगा। मन–ही–मन सोच रहा था–यह भाग्य का संकेत नहीं, तो और क्या है? चलूँ फिर सान देने का काम चलता करूँ। दोनों का पेट भरेगा। वही पुराना चरखा फिर सिर

पड़ा। नहीं तो, दो बातें किस्सा–कहानी इधर–उधर की कहकर अपना काम चला ही लेता था? पर अब तो बिना कुछ किये घर नहीं चलने का। जल पीकर बोला–क्यों रे मधुआ, अब तू कहाँ जायगा?

कहीं नहीं।

यह लो, तो फिर क्या यहाँ जमा गड़ी है कि मैं खोद–खोद कर तुझे मिठाई खिलाता रहूँगा।

तब कोई काम करना चाहिए।

करेगा?

जो कहो?

अच्छा, तो आज से मेरे साथ–साथ घूमना पड़ेगा। यह कल तेरे लिये लाया हूँ! चल, आज से तुझे सान देना सिखाऊँगा। कहाँ, इसका कुछ ठीक नहीं। पेड़ के नीचे रात बिता सकेगा न!

कहीं भी रह सकूँगा, पर उस ठाकुर की नौकरी न कर सकूँगा?–शराबी ने एक बार स्थिर दृष्टि से उसे देखा। बालक की आँखे दृढ़ निश्चय की सौगन्ध खा रही थीं।

शराबी ने मन–ही–मन कहा–बैठे–बैठाये यह हत्या कहाँ से लगी? अब तो शराब न पीने की मुझे भी सौगन्ध लेनी पड़ी।

वह साथ ले जानेवाली वस्तुओं को बटोरने लगा। एक गट्ठर का और दूसरा कल का, दो बोझ हुए।

शराबी ने पूछा–तू किसे उठायेगा?

जिसे कहो।

अच्छा, तेरा बाप जो मुझको पकड़े तो?

कोई नहीं पकड़ेगा, चलो भी। मेरे बाप कभी मर गये।

शराबी आश्चर्य से उसका मुँह देखता हुआ कल उठाकर खड़ा हो गया। बालक ने गठरी लादी। दोनों कोठरी छोड़ कर चल पड़े।

❐❐❐

# ममता

1

रोहतास–दुर्ग के प्रकोष्ठ में बैठी हुई युवती ममता, शोण के तीक्ष्ण गम्भीर प्रवाह को देख रही है। ममता विधवा थी। उसका यौवन शोण के समान ही उमड़ रहा था। मन में वेदना, मस्तक में आँधी, आँखों में पानी की बरसात लिये, वह सुख के कण्टक–शयन में विकल थी। वह रोहतास–दुर्गपति के मन्त्री चूड़ामणि की अकेली दुहिता थी, फिर उसके लिए कुछ अभाव होना असम्भव था, परन्तु वह विधवा थी–हिन्दू–विधवा संसार में सबसे तुच्छ निराश्रय प्राणी है–तब उसकी विडम्बना का कहाँ अन्त था?

चूड़ामणि ने चुपचाप उसके प्रकोष्ठ में प्रवेश किया। शोण के प्रवाह में, उसके कल–नाद में अपना जीवन मिलाने में वह बेसुध थी। पिता का आना न जान सकी। चूड़ामणि व्यथित हो उठे। स्नेह–पालिता पुत्री के लिए क्या करें, यह स्थिर न कर सकते थे। लौटकर बाहर चले गये। ऐसा प्रायः होता, पर आज मन्त्री के मन में बड़ी दुश्चिन्ता थी। पैर सीधे न पड़ते थे।

एक पहर बीत जाने पर वे फिर ममता के पास आये। उस समय उनके पीछे दस सेवक चाँदी के बड़े थालों में कुछ लिये हुए खड़े थे' कितने ही मनुष्यों के पद–शब्द सुन ममता ने घूम कर देखा। मन्त्री ने सब थालों को रखने का संकेत किया। अनुचर थाल रखकर चले गये।

ममता ने पूछा–"यह क्या है, पिताजी?"

"तेरे लिये बेटी! उपहार है।"–कहकर चूड़ामणि ने उसका आवरण उलट दिया। स्वर्ण का पीलापन उस सुनहली सन्ध्या में विकीर्ण होने लगा। ममता चौंक उठी–

"इतना स्वर्ण! यहा कहाँ से आया?"

"चुप रहो ममता, यह तुम्हारे लिये है!"

"तो क्या आपने म्लेच्छ का उत्कोच स्वीकार कर लिया? पिताजी यह अनर्थ है, अर्थ नहीं। लौटा दीजिये। पिताजी! हम लोग ब्राह्मण हैं, इतना सोना लेकर क्या करेंगे?"

ष्इस पतनोन्मुख प्राचीन सामन्त–वंश का अन्त समीप है, बेटी! किसी भी दिन शेरशाह रोहिताश्व पर अधिकार कर सकता हैय उस दिन मन्त्रित्व न रहेगा, तब के लिए बेटी!ष

"हे भगवान! तब के लिए! विपद के लिए! इतना आयोजन! परम पिता की इच्छा के विरुद्ध इतना साहस! पिताजी, क्या भीख न मिलेगी? क्या कोई हिन्दू भू–पृष्ठ पर न बचा रह जायेगा, जो ब्राह्मण को दो मुठ्ठी अन्न दे सके? यह असम्भव है। फेर दीजिए पिताजी, मैं काँप रही हूँ–इसकी चमक आँखों को अन्धा बना रही है।"

"मूर्ख है"–कहकर चूड़ामणि चले गये।

दूसरे दिन जब डोलियों का ताँता भीतर आ रहा था, ब्राह्मण–मन्त्री चूड़ामणि का हृदय धक–धक करने लगा। वह अपने को रोक न

सका। उसने जाकर रोहिताश्व दुर्ग के तोरण पर डोलियों का आवरण खुलवाना चाहा। पठानों ने कहा–

"यह महिलाओं का अपमान करना है।"

बात बढ़ गई। तलवारें खिंचीं, ब्राह्मण वहीं मारा गया और राजा–रानी और कोष सब छली शेरशाह के हाथ पड़े, निकल गई ममता। डोली में भरे हुए पठान–सैनिक दुर्ग भर में फैल गये, पर ममता न मिली।

2

काशी के उत्तर धर्मचक्र विहार, मौर्य और गुप्त सम्राटों की कीर्ति का खंडहर था। भग्न चूड़ा, तृण–गुल्मों से ढके हुए प्राचीर, ईंटों की ढेर में बिखरी हुई भारतीय शिल्प की विभूति, ग्रीष्म की चन्द्रिका में अपने को शीतल कर रही थी।

जहाँ पंचवर्गीय भिक्षु गौतम का उपदेश ग्रहण करने के लिए पहले मिले थे, उसी स्तूप के भग्नावशेष की मलिन छाया में एक झोपड़ी के दीपालोक में एक स्त्री पाठ कर रही थी–

"अनन्याश्चिन्तयन्तो मां ये जनारू पर्युपासते "

पाठ रुक गया। एक भीषण और हताश आकृति दीप के मन्द प्रकाश में सामने खड़ी थी। स्त्री उठी, उसने कपाट बन्द करना चाहा। परन्तु उस व्यक्ति ने कहा–"माता! मुझे आश्रय चाहिये।"

"तुम कौन हो?"–स्त्री ने पूछा।

"मैं मुगल हूँ। चौसा–युद्ध में शेरशाह से विपन्न होकर रक्षा चाहता हूँ। इस रात अब आगे चलने में असमर्थ हूँ।"

"क्या शेरशाह से?"–स्त्री ने अपने ओठ काट लिये।

"हाँ, माता!"

"परन्तु तुम भी वैसे ही क्रूर हो, वही भीषण रक्त की प्यास, वही निष्ठुर

प्रतिबिम्ब, तुम्हारे मुख पर भी है! सैनिक! मेरी कुटी में स्थान नहीं। जाओ, कहीं दूसरा आश्रय खोज लो।"

"गला सूख रहा है, साथी छूट गये हैं, अश्व गिर पड़ा है–इतना थका हुआ हूँ–इतना!"–कहते–कहते वह व्यक्ति धम–से बैठ गया और उसके सामने ब्रह्माण्ड घूमने लगा। स्त्री ने सोचा, यह विपत्ति कहाँ से आई! उसने जल दिया, मुगल के प्राणों की रक्षा हुई। वह सोचने लगी–"ये सब विधर्मी दया के पात्र नहीं–मेरे पिता का वध करने वाले आततायी! "घृणा से उसका मन विरक्त हो गया।

स्वस्थ होकर मुगल ने कहा–"माता! तो फिर मैं चला जाऊँ?"

स्त्री विचार कर रही थी–"मैं ब्राह्मणी हूँ, मुझे तो अपने धर्म–अतिथिदेव की उपासना–का पालन करना चाहिए। परन्तु यहाँनहीं–नहीं ये सब विधर्मी दया के पात्र नहीं। परन्तु यह दया तो नहीं  कर्तव्य करना है। तब?"

मुगल अपनी तलवार टेककर खड़ा हुआ। ममता ने कहा–"क्या आश्चर्य है कि तुम भी छल करो, ठहरो।"

"छल! नहीं, तब नहीं–स्त्री! जाता हूँ, तैमूर का वंशधर स्त्री से छल करेगा? जाता हूँ। भाग्य का खेल है।"

ममता ने मन में कहा–"यहाँ कौन दुर्ग है! यही झोपड़ी नय जो चाहे ले–ले, मुझे तो अपना कर्तव्य करना पड़ेगा। "वह बाहर चली आई और मुगल से बोली–"जाओ भीतर, थके हुए भयभीत पथिक! तुम चाहे कोई हो, मैं तुम्हें आश्रय देती हूँ। मैं ब्राह्मण–कुमारी हूँ, सब अपना धर्म छोड़ दें, तो मैं भी क्यों छोड़ दूँ? "मुगल ने चन्द्रमा के मन्द प्रकाश में वह महिमामय मुखमण्डल देखा, उसने मन–ही–मन नमस्कार किया। ममता पास की टूटी हुई दीवारों में चली गई। भीतर, थके पथिक ने झोपड़ी

में विश्राम किया।

प्रभात में खंडहर की सन्धि से ममता ने देखा, सैकड़ों अश्वारोही उस प्रान्त में घूम रहे हैं। वह अपनी मूर्खता पर अपने को कोसने लगी। अब उस झोपड़ी से निकलकर उस पथिक ने कहा–"मिरजा! मैं यहाँ हूँ।"

शब्द सुनते ही प्रसन्नता की चीत्कार–ध्वनि से वह प्रान्त गूँज उठा। ममता अधिक भयभीत हुई। पथिक ने कहा–"वह स्त्री कहाँ है? उसे खोज निकालो। "ममता छिपने के लिए अधिक सचेष्ट हुई। वह मृग–दाव में चली गई। दिन–भर उसमें से न निकली। सन्ध्या में जब उन लोगों के जाने का उपक्रम हुआ, तो ममता ने सुना, पथिक घोड़े पर सवार होते हुए कह रहा है–"मिरजा! उस स्त्री को मैं कुछ दे न सका। उसका घर बनवा देना, क्योंकि मैंने विपत्ति में यहाँ विश्राम पाया था। यह स्थान भूलना मत।"–इसके बाद वे चले गये।

चौसा के मुगल–पठान–युद्ध को बहुत दिन बीत गये। ममता अब सत्तर वर्ष की वृद्धा है। वह अपनी झोपड़ी में एक दिन पड़ी थी। शीतकाल का प्रभात था। उसका जीर्ण–कंकाल खाँसी से गूँज रहा था। ममता की सेवा के लिये गाँव की दो–तीन स्त्रियाँ उसे घेर कर बैठी थींय क्योंकि वह आजीवन सबके सुख–दुःख की समभागिनी रही।

ममता ने जल पीना चाहा, एक स्त्री ने सीपी से जल पिलाया। सहसा एक अश्वारोही उसी झोपड़ी के द्वार पर दिखाई पड़ा। वह अपनी धुन में कहने लगा–"मिरज़ा ने जो चित्र बनाकर दिया है, वह तो इसी जगह का होना चाहिये। वह बुढिया मर गई होगी, अब किससे पूछूँ कि एक दिन शाहंशाह हुमायूँ किस छप्पर के नीचे बैठे थे? यह घटना भी तो सैंतालीस वर्ष से ऊपर की हुई!"

ममता ने अपने विकल कानों से सुना। उसने पास की स्त्री से कहा–"उसे बुलाओ।"

अश्वारोही पास आया। ममता ने रुक–रुककर कहा–"मैं नहीं जानती कि वह शाहंशाह था, या साधारण मुगल पर एक दिन इसी झोपड़ी के नीचे वह रहा। मैंने सुना था कि वह मेरा घर बनवाने की आज्ञा दे चुका था! भगवान् ने सुन लिया, मैं आज इसे छोड़े जाती हूँ। अब तुम इसका मकान बनाओ या महल, मैं अपने चिर–विश्राम–गृह में जाती हूँ!"

वह अश्वारोही अवाक् खड़ा था। बुढिया के प्राण–पक्षी अनन्त में उड़ गये।

वहाँ एक अष्टकोण मन्दिर बनाय और उस पर शिलालेख लगाया गया–"सातों देश के नरेश हुमायूँ ने एक दिन यहाँ विश्राम किया था। उनके पुत्र अकबर ने उनकी स्मृति में यह गगनचुम्बी मन्दिर बनाया।"

पर उसमें ममता का कहीं नाम नहीं।

❒❒❒